保育士という生き方

井上さく子

イースト新書Q
Q037

はじめに

私は38年間、保育士として走り続けてきました。「保育士を生涯の仕事にする」と宣言したのは中学校3年生のとき。実際に保育士となってからは、いくつかの目黒区立の保育園に勤務し、主任保育士、園長と経験してきました。2014年に保育士生活に幕を下ろしてからも、ずっと保育の世界に関わっています。

今、保育の世界は大きく揺らいでいます。ニュースを見れば、「待機児童問題」、「保育士不足」、「園建設反対運動」といった言葉が目に飛び込んできます。「保育崩壊」といった言葉を出す人までいます。一線を退いたときには、あまり考えていなかったことですが、

「保育士としての経験を伝えてほしい」

「未来を担う若い保育士のために教えてほしい」

といった依頼を受けることが多くなり、養成校で講師をしたり、講演会やセミナーに呼ばれたり、各地を飛び回る日々を送っています。

つい20年近く前までは、保育士は「保母」と言われていました。ですから、私は正確には、「保母さん」に憧れていたことになります。男性保育士への配慮や男女平等の観点から、1999年に正式に「保育士」と改称され、2001年の児童福祉法改正により、保育士資格は国家資格になりました（施行は2003年）。このころから、保育の現場も大きく様変わりしていったように思います。

「少子高齢化」と、もう何年も言われておりますが、働く女性の増加にともない、それまでの「共働き家庭のために、子どもを預かる」といった保育の解釈から、「なくてはならない社会インフラとしての保育」へと、世の中の認識も変化しています。

保育園は、正式には「保育所」と言います。似た立場の幼稚園は3歳〜小学校就学前の子どもを1日だいたい4〜5時間預かる園であり、文部科学省管轄の「学校」の一種です。ですから、幼稚園の先生は、正式には「幼稚園教諭」と言います。必要な資格も小学校の先生と同じ「教職員免許状」の一つである、「幼稚園教諭免許状」になります。

一方の保育園は、厚生労働省の管轄になります。福祉としての「保育」であり、0歳〜小学校就学前と幅広い乳幼児を預かるのが特徴です。預かる時間は園によってさまざまですが、1日8時間以上の長時間にわたることが一般的です。

保育士も幼稚園の先生も、合わせて「保育人」と呼ばれることがあります。今、この保育の現場が大きく揺らいでいるのです。

私は、目黒区立の保育園での勤務経験しかありませんでしたが、さまざまな保育の現場に招かれ、実際に子どもたちとふれあったり、その園の課題について相談を受けたりするなかで、今の保育が抱える問題点と向き合い、改善するよう活動しております。また、私の二人の娘も現役保育士として働いています。

肌で感じるのは、これまでの20世紀型の保育では、未来の保育は立ち行かなくなってしまうという危惧です。保母と言われていた私の若かりし保育士時代とは、社会環境も、子どもたちの生活も、親子のあり方も大きく変わりました。それに合わせて、保育が必要とされる役割、社会や保護者から求められることも、変わってくるのが当然です。

今、保育士資格を取得した人のなかで、実際に保育の現場で働かれている人の数は、半分にもいたりません。幼稚園教諭の資格も持っていて、幼稚園の先生として働かれている人もいますが、やはりこれは、保育士たちの置かれた環境に多くの問題点が山積しているからでしょう。勤務先に選ばれない方、退職されて復職されない方、それぞれに理由はあると思います。

□保育士の給与が（一般的に）安い。
□勤務時間が長くなりがちで、休みも取得しづらい。
□子どもを預かるという責任が重大な仕事で、精神的な悩みが絶えない。

けれども、「子どもとふれあう」という保育の仕事の核は、「子どもの成長を見守る」ということは変わることはありません。保育の世界に大という魅力は、どんなに社会に変化があっても、変わることはありません。保育の世界に大変革を起こすようなことは、一保育士になかなかできることではありませんが、「できることから少しずつ」改善していくことは可能なはずです。

これまでの私の保育士としての経験と、保育への考えを、現役の保育士さん、学生など保育士をめざされている方々、「保育園」や「子育て」に不安を感じる若い方に伝えたいと思い、まとめたのが本書です。この本を通して、少しでも保育の現場がよくなり、一人でも多くの子どもたちが笑顔でいられるように、何かのお役に立てれば幸いです。

保育士という生き方●目次

はじめに　3

1章 保育士の現場

保育ってなんだろう？　14
子どもと正面から向き合う　18
保育園の分類・保育士の1日　20
変わりゆく保育の役割　25
保育士をめざすあなたへ　28

2章 保育士をめざして

遠野に生まれて　34
近所の子どものお世話係　36
優しく厳しい父、温かい祖母と母　38

一大決心の「きっかけ」 41
今はなき都立保母学院 45
築地市場の温かい職場 48
ついに保育士になる 51
園が掲げる保育方針 55
飯岡三和子園長との出会い 57
つらく厳しい童唄の指導 59
子どもの理解のスピードに合わせて――のぶちゃんの紙パンツ 61
体験で本物の感覚をつかむ――のぶちゃんとおしっこ 64
思うぞんぶん大好きなことを 67
子どもを信じて「待つ」――とくえいくんとリズム遊び 68
お兄さん、お姉さんは、小さい子の憧れ――みかは私の妹 70
異年齢交流という宝物――切り株を介して 72

3章 保育士として、母親として

初めての異動 76
「ケガをさせる」という失敗 79

結婚の条件 81
親切なご近所さん 85
仕事と子育てのはざまで 88
愛娘からの悲しい質問 91
「つぶやき」を拾う教育 94
孫の成長を見て学びなおす 96
親になってわかること1　親子関係の機微 98
親になってわかること2　わが子のケガ 101
「仕事人」として保育をする 104
畳と障子のある暮らし 107
「指示・命令・禁止」用語を使わない 110
園長になることを勧められて 114

4章 保育園は園長によって決まる

主任保育士はパイプ役 120
「園長」としての使命 123
めざせ！「実家のような保育園」 127

「冷蔵庫のような保育士」という苦情 129
大声が飛び交っていた「ひもんや保育園」 132
近隣の方のつらい我慢 136
保育園の中へご招待 138
裏庭に畑と田んぼを 141
園長になっても「仕掛けていく保育」を 145
仕掛ける保育1　お手紙ポスト 147
仕掛ける保育2　「かっぱおやじ」は本当にいるの？ 150
仕掛ける保育3　「かっぱおやじ」はやっぱりいた!? 154
マニュアル化しない保育を 157
震災と「大丈夫」という言葉 158
卒園までに言葉を拾って 162
園長の卒園式 164

5章　子どもの未来のために

園長を辞めてからも 168
イキイキした園とは？ 171

保育士にかかる負担　174
男性保育士の活躍　177
保育士への復職について　182
保育士として最大の喜び　184

大切な時間　190

※本書に出てくる保育園(「ひもんや保育園」を除く)、保育園児の名前はすべて仮名です。

1章
保育士の現場

保育ってなんだろう？

保育とは、０歳から６歳（小学校入学前）までの子どもたちを見守りながら、その成長に日々関わっていく仕事です。単純な説明としてはこの通りなのですが、改めて「保育ってなんだろうか？」と問われると、さまざまな回答があると思います。特に、保育の世界が揺れ動く昨今では、いろいろな意見が飛び交っています。

私は２００８年の「保育所保育指針」の改定に関わらせていただきました。「保育所保育指針」というのは、日本の保育園や保育士たちがより所とする、共通の基礎的方針を定めたものです。保育のあり方が時代に合わなくなるたびに、改定されてきました。

２０１８年にも再び改定・運用される予定です。そこで初めて、「子どもの状況や発達過程を踏まえ、保育所における環境を通して、養護及び教育を一体的に行うこと」が掲げられました。これは保育において、とても大切なことです。

子どもたち一人ひとりは、生まれ落ちた境遇、物理的環境、人的環境が違います。そこに保育士として関わらせてもらうことで、その育ちが大きく変わっていくのを何度も目の当たりにしました。

0歳～6歳という保育士が関わる子どもの6年間は、一人の人間として生きていくうえでの「土台」が育まれる時期です。

0歳児は、ほとんどすべてのことを大人に助けてもらっていて、べったりと密着しているような時期です。それが、やがて自分で目の前にあるものをさわって、世界を確認しようとしはじめます。

1歳になると、自我が芽生え、「自分で！」と自己主張がはじまります。一人で動き回るようになりますが、まだまだ大人に見てもらっているという安心感が必要で、少し離れると「大丈夫？」というように、振り返って大人がちゃんといることを確認します。

2歳になると二～三人の友達と関わって遊ぶようになり、3歳になると「親や保育園の先生より、友達の方が大事」といった気持ちを持ちはじめます。

4歳児は「仲間」という感覚を抱くようになり、自分たちで仲間内でのルールをつくりはじめます。そして、5歳、6歳という保育の集大成を迎えるのです。

成長するにつれ、「自分でやりたい、やってみたい」という気持ちがどんどん大きくなっていきます。けれども、思ったようにできなくて、泣いたり、怒ったり、ひっくり返ったりすることもあります。そこに保育士は、そっと手を差し伸べます。

たとえば、何かをつかもうとしたとき、ほとんど大人が持ってあげていても、自分で持っているような感覚、自分で何かを投げるような感覚を味わえるようにしてあげます。そこで、どんなに大人がフォローしていたとしても、「自分でできたね」、「最後までできたね」と声をかけることが、子どもたちの成長の大きな助けになります。子どもがやりたいようにやらせてあげることが、自己肯定感を育むことにつながるのです。

「魔の2歳児」、「悪魔の3歳児」なんて言葉もありますが、こうした「これはイヤ!」、「こうしたい!」、「自分でやりたい!」という想いに寄り添ってあげて、「自分」という下地がちゃんとできたときに、暴れる3歳児ではなく、はじける3歳児のステージに立つことができるのです。

大人にたくさん助けてもらいながら、「自分でやった」という自信をつけはじめると、少しずつ「大人よりも友達が大好き」という気持ちが芽生えてきます。最初はお友達とうまく意思疎通《そつう》ができなかったり、自分を押しつけてしまったりと、なかなかコミュニケーションがうまくとれません。その段階をもがき葛藤《かっとう》しながら成長し、3歳児のステージではじけることができると、次の4歳児、5歳児の世界は、仲間のなかでもお互いが育ち合い、人との豊かな関係が持てるようになってくるのです。

私が「保育」の理想として、「子どもにこうなってほしい」という願いはたった一つです。それは、

「ぼくは誰よりもぼくが好き」

「私は誰よりも私が好き」

と思うようになってくれることです。それは、自分のことを他ならぬ自分自身が認めるという、自己肯定です。この「好き」というのは、いい子だから、賢いからというわけではなくて、ケンカもするし、イタズラもするし、パパやママを困らせる自分だけれど、丸ごとがぼくなんだ私なんだと言える子どもになってほしいということです。

誰かに好きと言われなくても、「自分が好き」と言える子どもは、他人のことも好きになることができます。自分と同じように、相手のことも丸ごと受け入れることができるようになるのです。

反対に、「どうせぼくなんて」と疎外感を抱いてしまっている子どもは、

「自分なんてどうせいなくてもいいんでしょ」

という心持ちから、なかなか離れられなくなってしまいます。「友達がほしい」という感情まで育っていないことも多く見られます。

すべての子どもたちに、「今の、丸ごとの自分でいいんだ！」、「ぼくはぼくで、私は私でいいんだ！」という自己肯定感を持った子どもに育ってもらうのが、少なくとも私にとって、職業としての保育のゴールです。

子どもと正面から向き合う

今の保育の現場や子育ての環境は、子どもの自己肯定感を育んであげられているでしょうか？

子どもが、「もうイヤ！」、「できない！」と自分の感情に素直に言葉を発して、だだをこねるとき、保育士や親が、

「何してるの！」

「なんで言うことを聞かないの！」

「早くしなさい！」

と責めてしまってはいないでしょうか。小さな子は、いったん思うままに感情を出してしまってもいいんです。もし、保育士や親がそこで優しく、

「どうして？」

と尋ねてあげたら、そこから自分で考えて、自分の言葉の引き出しを開けて、

「だってね。〜なんだもん！」

「〜って思うの。だからできないの！」

と返してくれるようになります。それから、少しずつ上手に自分の感情を表現できるようになっていきます。その過程を経ることで、子どもに気づきを与えられるのです。

自分の言葉を口にしながら、

「だから、先生はこう言うんだな」

「パパもママもそう言っているのは、このためかな」

と周りの人の感情にも気づき、

「わかった！　じゃあ今度はこうしてみよう！」

と自分で考えて行動できる子に育っていきます。自分の言葉で自己表現ができる子ども

になるという、その土台をつくるのが、保育士の関わる期間なのです。
ここでしっかりとその土台をつくっておかないと、人生のなかで拾わなければならない「忘れ物」を残してきたまま育ってしまうことになります。あとから大切な「忘れ物」に気づけば、そこからまた拾いに行けばいいとはいえ、それを取り戻すのには、どれだけ膨大な時間と苦労がかかることでしょう。こんな経験を子どもたちにさせたくはありません。

あまりに忙しく、慌ただしいために、子どもときちんと向き合うことを、避けてしまっている保育士や親もいるように感じます。保育士は、子どもの発達に合わせて、そのときに必要な気づきを与えながら、人として健やかに育つお手伝いをしていきます。年齢ごとの子どもたちの成長と常に向き合いながら、自分もまた大きく成長できるのが保育士の仕事。人としての土台をつくる、本当に重要な役目を担っていることを忘れてはなりません。

保育園の分類・保育士の1日

保育園には、大きく分けて三つの形があります。「認可保育所」、「認可外保育所」、そして「認定こども園」です（より大枠では「認定こども園」は認可保育所に含まれます）。「認可保育所」は、子どもに対する保育士の数など、国の設置基準を満たしている保育園のことで、公立と私立と両方あります。

一方の「認可外保育所」は、基準に満たず公的な運営費をもらっていない園になります。東京都の「認証保育所」のように、国の基準には達していないものの、自治体独自のルールで認可を出している園もあります。保育内容や設備、料金は、施設ごとに大きく違いがあります。

認可保育所は、設置基準に基づいて園児の定員も決まっているため、保護者の方からしてみると入りづらい面があり、保育ニーズから、認可外保育園への需要も高まり、近年になって多くつくられるようになりました。

「認定こども園」というのは、幼稚園と保育園が一体化した施設で、保育園と同じく0歳から小学校就学前の子どもを預かるのですが、3歳以上の子どもを見るには、保育士資格と幼稚園教諭の資格の両方を持っている必要があります。今後増えていき、幼稚園と保育所との垣根が解消されていくことが期待されています。

「この形の園がよい」と決まっているわけではありません。それは認可保育園であっても、園ごとに雰囲気や内実は異なります。2015年からはじまった「子ども子育て支援制度」による分類は、図の通りです。

保育士の1日の流れも、勤務先の保育園や勤務体系（正規・非正規・パートなど）によって大きく変わります。特に私立の保育園では、24時間空いている保育園なども増えています。ここでは、私が勤務してきた公立の保育園を参考に、一般的な保育士の1日を紹介したいと思います。

保育士のシフトは、「早番」、「普通番」、「遅番」などに分かれています。朝は7時〜9時30分くらいに園児を迎えます。登園時間は子どもによってバラバラで、保護者の方とあらかじめ決めています。みんながそろうまで、クラスごとに自由遊びをしています。

朝のうちに、子どもを見ている人を入れ替えながら、朝礼を行い、その日の予定や注意事項などを共有しておきます。それからお昼まで、クラスごとに活動をします。外に出たり、季節に合わせた遊びをしたり、そのクラスに合った遊びをします。お昼は給食の時間です。子どもたちの発達に合わせて、補助や食育をします。食後はお昼寝の時間をはさんで、その間にミーティングや事務作業を行います。

子どもが起きてからは、おやつを食べたり、自由遊びをしたりしながら、保護者の方が

保育施設の分類

- 認可保育所等
  - 認可保育所
  - 地域型保育事業※
    - ①家庭的保育事業
    - ②小規模保育事業
    - ③事業所内保育事業
    - ④居宅訪問型保育事業
  - 幼保連携型認定こども園
- 認可外保育施設

※２０１５年から、新たに認可されるようになった保育の形。
①保育者の自宅などで行われる保育。定員が１～５人。
②保育者の自宅などで行われる保育。定員が６～19人。
③企業内の施設などで行われる保育。
④子どもの自宅で行われる保育・いわゆるベビーシッター。

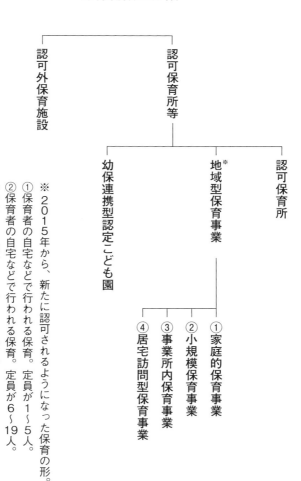

保育士の1日

7:00	園に着く
7:00〜9:30	園児たちをお出迎え ⇒登園した園児とは自由遊び
8:45	手の空いている人で朝礼
10:30〜	クラス活動
11:30〜	給食を食べる
12:30〜	お昼寝
13:00〜	事務作業、ミーティング
15:00	園児起床
15:30〜	おやつを食べる
16:00〜	自由遊び
17:00〜19:00	園児たちをお見送り
19:00〜	事務作業
20:00	園から帰る

※各自治体や保育園によって、時間や内容は大きく異なります。

※実際はシフトがあるので、途中で引き継ぎます。

来るのを待ちます。お迎えもバラバラですが、園によって、19時までなどとルールが決められています。その後、残った事務作業を行います。

変わりゆく保育の役割

今、保育の問題点として噴出しているのが、組織が明確にされていないことです。保育園の組織図が複雑化され、すべての保育園の職員から保護者にいたるまで、しっかりと下りて把握がいきわたっていないことが問題だと感じます。

園によっては、園長がいて、副園長がいて、主任がいて、サブの主任がいてと、各担当者が多過ぎて、その役割がきちんと明確化されていないところもあります。そうした組織では、連携をとりにくく、何か一つ問題が起きるとグラグラと揺れてしまうのです。

この保育園内の混乱は、保育士たちを疲弊させてしまいます。ストレスでいっぱいになり、子どもとのふれあいではなく、職場の人間模様に疲れていってしまうのです。それは、子どもたちの成長に生かされることは何一つありません。

こうした組織の複雑化は、それだけ保育に求めることが多様化していることが背景にあるため、簡単に「こうすれば」と今日明日に解消することのできない問題ではあります。けれども、保育園内でそれぞれの役割がなんなのかを明確にし、それを全員で共有すること。自分たちがどんな保育をしたいか、どんなふうに子どもに育ってほしいのか、保育の理念の重要性を一人ひとりが感じること。そうした一歩一歩の「できることからはじめよう」の精神で改善していけば、保育現場の質も上がっていくはずです。

保育環境を決めるのは、人数や職員の配置といった「人的環境」と、園庭の有無やスペースの広さといった「物的環境」に分けられます。この両輪がうまく回ることで、園運営は成り立っています。物的環境の不足は、保育士などの工夫や知恵で補うこともできますが、人的環境については、人が不足してしまえば立ち行かなくなってしまいます。

働く環境が悪ければ、どんなに子どもたちがかわいくても、限界を感じて、心も身体も疲れきって、辞職してしまいます。するとさらに保育士不足が加速し、働く環境も悪化して、どんどん離職率が上がっていくという、悪循環に陥っていきます。

ちょっと極端な言い方ですが、園数が増えるほど保育の質が低下しているのが、今の日本の現状なのかもしれません。

新しい「保育所保育指針」が、2018年4月から実施されます。これには、幼稚園の教育要領にのっとって、保育にも教育面を盛り込もうという内容も含まれています。

　この指針をきちんと現場の実践に生かしていけるかどうか、個々の保育園が問われていきます。指針の文言だけを理解しても、それをそのまま現場で役立てることはできません。一人ひとりの保育士たちが、その指針を実際の現場で、その都度その都度考えて実践するしかありません。

　保育園が不足していると言われているなかで、経営上の問題から閉鎖に追い込まれてしまう園もたくさんあります。そうなると、最も困るのが子どもたちです。保育園という受け皿がなくなれば、保護者の仕事も立ち行かなくなり、その真ん中に立たされた子どもに、今度は両親のストレスがかかっていく。そんな悲しい状況を招いてしまいます。追いつめられる家庭のなかで、子どもたちは何を信じればいいのか、その成長に大きな影を落とすことにもなりかねません。

　保育士にとって働きやすい環境を整えるということは、子どもたちやその親たちにとっても、いい保育環境を提供することになります。何よりも子どもたちの健やかな成長のために、保育環境の改善が今こそ求められています。

保育士をめざすあなたへ

保育士を夢みて、その夢を叶えたものの、いざ現場に入るとそのたいへんさについていけず……という話はよく耳にします。私のよく使う言葉の一つに、

「3日、3月《つき》、3年、30年」

という語録があります。まずは3日頑張ったら、次は3ヶ月、その次は3年というように、一つずつの節目を目標に学び、乗り越えていってほしいと若い保育士に伝えています。

現在、保育士を育成するため大学で講師もしているのですが、指導してきた卒業生のなかにも、保育士として3年経ち、4年目に入ったときに、

「ようやく保育のことが見えてきた」

「面白くなってきた」

と報告しに来てくれる教え子がいます。そして「私も学び続ける人になりたい」と言って懸命に保育に取り組む姿は、私の日々の励みにもなっています。

保育士ってたいへんだからと辞めるのではなく、継続は力なりで、踏ん張ることで人と

して成長させてもらえるはずです。どれだけ成長したかは、自分ではなかなかわからないと思いますが、やがて周りの人たちがそれを教えてくれるときがきます。たとえば、

「先生、辞めないで」

「ずっと保育園にいてください」

などと言われて初めて、自分が何をやってきたのかを知ることもあります。

大切なのは、学び続けることです。子どもたちからもいろいろなことを学んで、吸収し続けること。0歳～6歳という人としての土台づくりに関わることで、自分自身もともに成長していく、そんな喜びがとても大きい仕事です。

保育士をしていて幸せを感じるのは、赤ちゃんが初めて言葉を発した、立った、歩いたなど、人としての成長を目の当たりにできることです。ハイハイができるようになる過程では、グッと自分の身体を引き寄せる感覚をつかむと、あとはあっという間にできるようになります。人としての節目、節目をどれほど見せてもらえるか、まさにドラマのような世界です。こういうシーンに立ち会えることは、この仕事だけの幸せな瞬間。その子の人生のはじまりを肌で感じることができます。

保育は「人間学」です。子どもと保育士が互いに成長し合うなかで、保育士は仕事をし

ていくのかもしれません。子どもがいてくれる限り、この仕事は変わることなく、いつまでもあり続けるものでしょう。もちろんラクな仕事ではありませんから、もがき、苦しむ局面にも何度もぶつかります。けれど、そんなときこそ、目標を失わず、「子どもが好き」という気持ちを持ち続け、保育の原点へと立ち返ってもらいたいと思います。

大きな夢は遠くにすえながら、まずは目の前の小さなハードルを一つずつ飛び越えていく。これがクリアできたら、もうちょっと高く、遠くというように、自分の可能性を広げていけるのが保育の世界です。

保育士をめざされている方のなかには、これから実際に保育士になって、先輩保育士や園長にいろいろな指導を受け、ときには悩んでしまう人もいるでしょう。それでも、主体性は失わないでほしいです。いつでも自分の頭で考えて、相手に伝えていくことをしていけば、たとえ時間はかかってもちゃんとわかり合えるはずです。

子どもが好きで、子どもといられる仕事をあえて選んだことを、ブレずに中心にすえてほしいと思います。私自身も、地元の岩手県から、

「保育士を生涯の仕事にする！」

と宣言して、親にたくさんの心配をかけながら飛び出しました。

保育士時代に自分が思うような保育ができずに揺らぎそうになったときには、「生涯の仕事にするって自分で言ったんだよね……」と自分の心に問いかけながら、自分で定めた道を進んできました。

保育士になれば、多くの悩みを抱えることもあるはずです。そんなときは、その悩みをまずは全部書き出して、「今やるべきこと」、「あとでもいいこと」などに仕分けていきます。すると、今すぐやらなくてはいけないことが、ハッキリしてきます。

自分の言葉の引き出しを開けて、自分の考えを語る力を身につけることは、保育の現場でも大いに生かすことができます。


これからは、保育園だ、幼稚園だと縦割りの組織編成で考えている場合ではありません。それよりも、「子どもは国の宝だ」と言うなら、幼児教育の段階から、子どもたち誰もが平等に学ぶ権利を得られるようにするべきです。子どもたちの育成について国をあげて取り組み、乳幼児保育・教育を無償で保障していくぐらいの大きな変革が必要だと考えています。そういった意味で、幼稚園と保育園が一体化した「認定こども園」に保育が一本化されていくことは、大きな変革の一歩となるかもしれません。けれども、それを実現するには、この先長い年月がかかることでしょう。

社会や制度が変革のときにあると言っても、目の前の子どもたちには関係がありません。子どもは0歳～6歳の今しか、保育を受けないのです。たとえ10年後に良くなったとしても、それまでの間に保育園に来ていた子どもたちには無関係です。

ですから、目まぐるしく変わる保育や社会の動きに対応しながらも、自分の核になるものはブレずに、常に中心にすえておきながら学び続けることで、保育士として豊かな人になってほしいです。少しずつの努力が、目の前にいる子どもたちの成長の支えになるはずです。「できることから、はじめよう！」の精神を持ちましょう。

これから、私が38年間、歩んできた保育士としての日々や、そのなかで出会ったさまざまな人たちからの学びについてお伝えします。

2章 保育士をめざして

遠野に生まれて

私は岩手県の遠野市に生まれました。柳田國男の『遠野物語』という本をご存じでしょうか。遠野市にまつわる民話や昔話を集めたとても有名な本で、その民話のなかにはテングやかっぱも出てきます。常堅寺というお寺の境内にはかっぱが出たと言われるその名も「カッパ淵」という小川があったり、郷土芸能を披露《ひろう》する「遠野まつり」が毎年開催されたり、遠野という地はそれくらい、自然にあふれた、伝統のあるところです。

わが家は祖母がいて、両親がいて、兄・姉・姉・私・妹・弟という家族構成で、私は真ん中の子として育ちました。今の若い人から見ると、大家族だと驚かれるかもしれませんが、当時は周りの友達もそれくらい兄弟がいて、それほど珍しくもありませんでした。

珍しいといえば、実家が昔から永く続く古い家で、広さだけはやたらある、そんな家だったことでしょうか。座敷に奥座敷、仏間、回り廊下などがあり、仏間のところがくもりガラスだったので、よく兄弟で親の目を盗んではー鉛筆でラクガキをしていたことを覚えています。広い家で、のびのびと過ごしていました。

「自然に囲まれた田舎の、大家族のなかで育った子ども」から連想されるイメージは、活発な野生児かもしれません。けれど、私はそのころは身体を動かすよりも、大好きな祖母のとなりで、お絵描きをしたり、縫い物の真似ごとをしたりするのが好きな子どもでした。他の兄弟がケンカをしていても、そのなかに入ることはありませんでした。昔からケンカを売りも買いもしないタイプだったようで、兄弟たちもそれを知ってか争うようなことはなかったと記憶しています。両親も私を叱った覚えがあまりないようで、先ほどの仏間のイタズラ描きも、

「誰が描いたんだ！」

と真っ先に叱られるのは、やんちゃな弟でした。弟は、

「やったのは、さく子姉ちゃんだよぉ……」

なんて、よく半べそをかいていました。

わが家は、私が生まれる前に祖父が村長をしていたこともあり、人の出入りが多くて、何かといっては集まって宴会をしていました。宴会となると、お客様用に長テーブルがズラッと並べられ、子どもたちの丸テーブルは端に追いやられてしまいます。

大人のテーブルにはずいぶんとおいしそうなものがのっているので、私は妹や弟とそれ

を恨めしげに見ていたものでしたが、「子どもはダメ」と言われてしまうばかりで、ご馳走を肴《さかな》にお酒で酔っ払った大人の姿を冷ややかに眺めていました。

ご機嫌に酔った大人の姿を見過ぎたせいでしょうか。大きくなってから姉妹で、「結婚するなら、相手は絶対お酒を飲まない人」と誓い合っていたものです。その後、実際に私も姉も妹もみんな、お酒を飲めない人と結婚することになったので、それがまったくの偶然なのか、子どものころの想い出があったからなのか。幼少期の記憶というのは侮れないものなのかもしれません。

近所の子どものお世話係

実家からは、となりの家まで歩いて5〜6分かかるのが当たり前でした。兄弟相手のケンカにはわれ関せずで、どこか飄々《ひょうひょう》としていた私の遊び相手といえば、自分よりも小さな子どもでした。

近所の子どもたちが数人で、家まで、

「さ〜くちゃん、遊びましょ！」

と誘いにきてくれるのです。なかには、まだヨチヨチ歩きの子もいました。すると母や祖母から、

「ほら、さく子の恋人が来たわよ。遊んであげなさい」

なんて冷やかされて、恥ずかしい気持ちになりながらも、よく一緒に遊びました。

近所に小学校の校庭くらい広く大きな原っぱがありました。そこは小学校や保育所の帰りに子どもたちがなんとなく集まってくる、そんな場所でした。私は小さな子どもたちといつも原っぱにいて、きっと遊ぶというより、「子守り」に近い風景だったと振り返って思います。

子どもを好きになったのは、いつからだったのか。それは思い出せませんが、この近所の子どもたちのことをいたくかわいがっていたことはよく覚えています。兄や姉たちは、小さな子がいても、自分のやりたいこと、行きたい場所を優先して、さっさと出かけて行ってしまうのですが、私は子守り係、お世話係を喜んでやっていました。原っぱで、夕方カラスが鳴くまで小さな子どもたちと戯《たわむ》れる。小さい子を愛おしむ気持ちは、そのころからあったのでしょう。それが今の自分をつくってくれた原点なのかもしれません。

地元に帰ると、かつてのその子どもたちに会うことがあります。たまたますれ違ったり

すると、さっと会釈《えしゃく》してくれます。当時のことをハッキリ覚えているわけではないでしょうが、こうして挨拶し合えるのは、この子たちの親が、

「あなたは小さいころ、さく子ちゃんに子守りをしてもらったのよ」

「抱っこされて甘えていたのよ」

なんて話してくれていたからです。親から子へと語りつぐことで生まれた、今でも挨拶してくれるようなつながりに、照れながらも温かい気持ちがわいてきます。

優しく厳しい父、温かい祖母と母

私は小さいころから背が高く、すぐ上の姉とは、ほとんど背丈が変わりませんでした。ご近所さんからは双子の姉妹のようだと言われ、買い物も姉と私はよく一緒に行っていました。連れて行ってくれるのは、母ではなく父。何かあるとお店に行って、新しい洋服や帽子など、同じものをいつも二つずつ買ってくれるのです。だから、姉とおそろいのものを着ていて、おさがりを着た記憶はほとんどありません。

そのためか、今でも姉がときどき、「さく子は兄弟のなかで、お嬢様扱いだったのよ」と

言われます。自分ではさらさら、そんな気持ちはありませんでしたが……。

父は買い物に連れて行ってくれるような子どもとしっかり関わる人だったと思いますが、その分苦い想い出もあります。私は小さいときから野菜嫌いで、今でも人参や玉ねぎは苦手。そんな私に、父はよく「裏の畑から人参を2～3本抜いてこい」と、他の兄弟ではなく私にばかり頼んできました。嫌いな人参を見たくなくて「もう、イヤだ」と言っても、やるまで許してくれません。半泣きになりながら、人参を抜いて持って行くと、今度は「洗え」と言います。泣きながら、人参を洗っていると「切り方を教えてあげるから」と続けて言われます。次々に嫌なことをやらされて、当時の私からすると、そのときばかりは鬼のように思えました。

けれど、自分が結婚し親になって初めて、あの父の姿は、「なんでも食べて丈夫に育ってほしい」という親心だったんだと痛いほどわかるようになりました。父はもう天国にいますので、今さら気づいても遅いのですが、空を見上げて「ありがとう」と素直に思えるようになりました。

こうして愛情を持って優しくも、ときには厳しく育ててくれたのが父なら、反対にそんな私をいつも温かく包んでくれていたのが、祖母と母の存在でした。

わが家では、学校に行きはじめるようになると、祖母の周りに集まって、毎朝一つ話を聞かせてもらう習慣がありました。祖母が語り部となって私たちの顔を見ながら、

「むがすあったずもな……」

と遠野の昔話をはじめます。私たちはその話を夢中になって聞いていました。祖母は物語が一つ終わると、孫たちに向かって、

「どんどはれ！」

と言って、元気に学校に送り出してくれます。それが、わが家の毎朝の風景でした。

昔話や童唄《わらべうた》（子どもによって歌い継がれてきた唄）、お手玉、あやとりなど、日本の文化的な遊びのほとんどは、祖母や母から教わりました。私はそんな祖母と母が大好きで、お手玉づくりを手伝ったり、着物を縫っているかたわらで、はぎれをもらって自分も縫う真似ごとをしたり、ずっとくっついていたように思います。日本に昔からある遊びや手習いなどに興味を持ち、保育という仕事に生かせたのも、祖母や母の影響かもしれません。

一大決心の「きっかけ」

実は私自身も幼いころは一時、保育に通っていました。当時は託児所と言われていて、今の保育園よりも簡素なものでした。小学校の体育館のような場所で過ごすのですが、お昼寝のときに舞台上の縁《ふち》に寝かされて、落ちるんじゃないかとひやひやしたり、お昼に出る嫌いなものを食べられなくて隠して持って帰ったりと、それほど良い想い出はなかったように思います。

でも、「小さい子が愛おしい」「子どもが好き」という気持ちは芽生えていて、小学生になったころにはもう、当時の言い方で「絶対に保母さんになる！」と決めていました。だから、小学校6年生のとき、将来何になりたいか書くという作文にも、「大きくなったら保母さんになりたい」と書いています。

中学校3年生になってもその気持ちは変わらず、担任の先生との面談でも、自分の進路について「保母さん」と伝えました。最近では、保育士の資格はとっても保育士にはならないという学生も多いですが、私の場合はまさに猪突猛進。まったく揺らぐことなく今日まで突き進んできました。実際に今にいたるまで、こうして保育の仕事に携《たずさ》わっていると、小さいころから夢みていた仕事を続けてこられたんだと、感慨深い気持ちになります。

この面談をしたときの担任の先生は、大学を出たばかりの若先生で、ご自身の苦労体験を聞かせてくださったり、ボランティアで私たちをキャンプに連れて行ってくださったりと、とても熱心で素敵な女性でした。

そんな若先生が、ある日のホームルームの時間に、進路について語るなかで、

「若いときの苦労は買ってでもして」

という言葉を使われました。私はそのとき初めて聞くその言葉に衝撃を受けたのです。

当時の私はおとなしく従順なタイプで、わざわざたいへんな経験を自分からしようとは、思ったことすらありませんでした。「何？　何？　『苦労は買ってでも』って？？」と、すごく新鮮なその言葉に、すぐに影響を受けてしまいました。保育士をめざすにしても、苦労を買ってしてからなんじゃないかとその瞬間に思いました。そこで自分でも思いもよらなかった行動が、急に思い浮かびました。

それは、東京に飛び出すことです。両親に伝えると本当にビックリしていました。特に父にとっては衝撃が強かったらしく、「急に何を言い出すんだ！」と、強く反対されてしま

います。

「東京に出て勉強して、保母さんを生涯の仕事にします！」

と私も曲げずに東京に出ることにしました。父に代わり、上京する日は兄が東京まで送ってくれました。

どうしてケンカもせず、親にも叱られたことなく育った私が急に反抗的な芽を出したのか。振り返って分析してみると、人に対してもっとぶつかって自分の感情を出せばいいのに、それができないまま身体だけが大きくなってしまった。人が成長を遂げるとき、2歳のだだこね期、3歳のはじけるステージやら、10歳を過ぎてからの第二次反抗期やらがあるはずなのに、私はすべてをどこかに置いてきてしまったのかもしれません。そこで、やっと自分を出せたのが、15歳の春だったのです。

高校生になってからは、神楽坂の叔母のところに下宿させてもらいながら、学校に通う日々がはじまりました。親元からは離れたものの、新しい環境に慣れるまではずっとどこか怖がったり、ときには泣いたりもしていました。特に怖かった印象があるのが、地下鉄。まるで、どんどんモグラの世界へと入って行くようで、本当に地上に出られるのかと不安に襲われていました。

故郷が恋しくなると、叔母の前で泣くと心配させてしまうので、10円玉を両手にぎっちり握りしめて公衆電話に行って、実家へ電話をしていました。でも、「もしもし……」と言うと、母親が出て「さく子か?」、「元気か?」とすぐに言ってくれるので、それだけでワンワン泣いている状態でした。「もしもし……」、「はい……」と言うだけで、10円玉がどんどん落ちていき、何も話せないこともありました。

ここでも、子ども時代の決して我慢を強いられたわけではないのに、本当はもっとはじけて生きてきてもよかったのに、そうしなかった分を全部このときに出している、そんな自分を感じました。「泣きたいときには、思い切り泣いていいのよ」と今では人によく言っています。

高校でも、田舎から出てきたばかりののんびり屋でしたから、周囲の人のペースについていくのがやっとでした。休み時間中に次の授業の教科書をそろえて待っているようなタイプで、男子に「俺、教科書忘れたから見せてくれる?」と話しかけられると、それだけで顔を赤らめてしまいました。とにかく生真面目という印象を与えていたようです。

今はなき都立保母学院

高校を卒業したあとは、東京都立練馬高等保母学院という保育の養成学校に入学しました。都立の保母学院は足立区や大田区、立川市などに4校あったのですが、残念ながら今は廃校となっています。

しかし、この学校は最近あることで注目されています。それは、第一線で活躍している卒業生がたいへん多いことです。「ぐりとぐら」などの絵本作家である中川李枝子さんをはじめ、さまざまな業界で活躍している卒業生を多く輩出しています。

保育界では、「保育の教員の指導力がどんどん低下しているのをどうするのか」、というのが課題の一つになっています。それでは逆に、保育の第一線で活躍している人たちは、どこの学校出身なのかという着目から調査が行われ、保母学院の卒業生が非常に多いことが知られるようになりました。そこで、かつてこの学校で行われていた授業はどんな内容だったのか見直しが進められているのです。私自身もそういった観点から、インタビューを受けることがあります。

実際に当時、保母学院には素晴らしい先生方が数多くいらっしゃいました。なかでも、かけがえのない出会いとなったのが、保育の第一人者、鈴木とく先生でした。鈴木先生は、この人なくして日本の保育はないと言われたほどの方で、私の尊敬している教育者のお一人。鈴木先生は当時からよくこんなふうにおっしゃっていました。

「いい保母になりたいなら、電車でもぼーっと座っていてはダメ。赤ちゃんや子どもたちがいたら、よく見なさい。そういうことも大事な学びになるのよ」

今、講師として学生を教える立場になってみると、自分が鈴木先生の教えをなぞりながら指導していることを感じます。自分でもまさか教える側になるなんて思ってもいませんでしたが、春から現場に出る3年生の学生には、一つでも二つでも実践につながる授業内容になるよう仕掛けています。

たとえば、先の話なら電車に乗って赤ちゃん連れのお母さんがいたら、この子は何ヶ月ぐらいかなと見立て、意識して観察することを勧めています。そして、ときには「何ヶ月ですか？」と聞いてみたり、赤ちゃんに笑いかけたりして、あやすようにします。赤ちゃんがニコッと笑ってくれれば、お母さんの警戒心も解け、なごやかに話をすることができるはずです。赤ちゃんのことについて話をすることもできるでしょう。親子のやりとりや子どもの様子などをよく観察していると学べるものが多いはずです。

鈴木先生もそうだったように、私も講義に入る前に、園児たちとふれあうことで得たエピソードを話すようにしています。すると学生たちから「今日は先生、どんな話をするんだろう？」と楽しみにする声が聞こえてきます。

本題についてはコンパクトにまとめ、あとは、自分の意見を発表するワークの時間をたっぷり取るのも講義のやり方の一つです。発表も自分の席で話すのではなく、前に出て1～3分間スピーチしてもらうなど、工夫しています。いずれ学生たちが実際の保育の現場に出て行くと、クラス会議、ブロック会議、さまざまな研修などがあり、「みんなの前に出て1分で話をまとめて」といった場面に数多く遭遇するはず。そんなとき、現役の先生方より、新人で入ってきた子の方がスピーチがうまい、と言われるくらいになるよう今からじっくり取り組んでいます。

「今、スピーチの練習を真面目にやっておくと、いつか現場で役に立つときがきますよ」と、学生たちを励ましながら講義をしています。それもこれも、養成学校時代に鈴木先生をはじめ、熱心な先生方から指導を受け、勉強できたことが基盤となっています。

築地市場の温かい職場

保母学院での3年間、普通コースではなく、二部の夜間コースに通っていました。日中は築地市場内にある魚の卸売会社に事務職員として勤め、学費を稼いでいたのです。ここでも中学の恩師の「苦労は買ってでも」との言葉が自分を後押ししてくれ、働きながら学校に通うという選択をしました。

会社では経理事務の補佐として、朝の8時～14時まで勤務していました。築地市場という世界は、まさに男の世界。乱暴な言葉が当たり前のように飛び交い、いつもビクビクと怯えながら、市場内を歩いていた記憶があります。上司から言いつけられた用事をすませようと、碁盤《ごばん》の目のような市場内を縫うように歩いて行っても、相手方のあまりの迫力に用事をすませられずに、半べそで社内に戻ることもありました。そんなときは必ず上司が、

「うちのさく子をいじめたのは誰だ！」

と怒鳴り込みに行かれるんです。ずいぶん守っていただいたものです。

保育の実習で2週間ほど休まなくてはいけないときには、私の前に上京し、すでに結婚

して主婦業に専念していた姉が私の代理として働くことを許してくれました。試験前、英語でわからないところがあると、上司が、

「英語が得意なやつはいるか？　さく子に教えてやってくれ」

と社員の方に頼んでくれて、家庭教師のようなことまでしてくれる、そんな粋な職場でした。

おかげでやっと卒業でき、園への就職のために退職しようとすると、もうたいへん。あれだけ応援してくれていたのに、

「なんでわざわざ保母なんて仕事をするんだ。ここで働き続ければいいじゃないか」

と反対されて、築地の料亭に呼ばれ、退職を思いとどまるよう、上司たちから何度も説得されたのです。退職届も受理できないと言われて、気持ちはありがたいものの、もう泣きそうでした。

「どうしてですか。絶対保母さんになりたいんです。生涯の仕事にしますから」

と精一杯、自分の気持ちを話しました。そして、退職届を出すこと3度目、やっと受理してくださいました。最後には上司の方々からも、

「ここまで言っても聞かない頑固なやつだから、しょうがないね。就職した先で嫌なこと

があったら、すぐうちの会社に戻ってこいよ」

と優しい言葉とともに送り出してもらえました。本当に心配し、かわいがってくださって、とても温かい職場でした。


実は、この築地市場時代の経験が、のちのち自分を助けることになったのです。保育士としてクラス担任まで任されるようになったころ、異動したばかりの園長が園児のおばあ様に、

「うちの子にケガをさせたのは、保育園の責任だ。一筆書け」

と責め立てられたことがありました。慌ててすんなり書いてしまいそうな雰囲気になりましたが、とっさの判断で止めて、なんとか何も書かないでその場をおさめるようにしました。おばあ様からきつい言葉で責められても、動じることなく丁寧な接遇をし続けました。

あとで、

「さく子先生は、どうしてそんなに冷静に対処できたんですか？」

と聞かれましたが、たどっていくと荒々しい男たちに囲まれながら働いた築地市場での

経験が力になったのだと思います。ガーッと相手から言われても、「今はお答えできないんですけど、一度お預かりさせていただいていいですか」と、慌てることなく逆に丁寧に言葉を添えていく。するとふんぞり返っていたおばあ様がしょうがないなという感じで態度がおだやかになり、結果的に丸くおさまりました。何か事態が起こったとしても、動じない強さが自分のなかに育っていたのかもしれません。

ついに保育士になる

初めて保育士として働くことになったのは、目黒区にあるカリン保育園でした。ここは、高校の担任の先生が勧めてくださったところ。目黒にはまったく縁がなかったのですが、先生が自分の子どもを通わせていたのが目黒区の保育園で、自分が保証人になってあげるからと勧めてくれたのがご縁となりました。

どうにか採用試験に合格し、保育士としてスタートを切ったその日、飯岡三和子さんという園長が新人保育士を区役所まで迎えにきてくれました。保育士は私の他にもう一人いて、二人を保育園の前まで連れてくると、不意に、

「どこが入り口だと思いますか？」

と飯岡園長から質問を受けました。

少し歩いて入り口は見つかりましたが、その保育園の建物は三角柱の変わった形で、確かに入り口がどこなのかわかりにくい構造でした。園庭も廊下もない、小型の保育園です。このちょっと風変わりな保育園から、私の保育士の道ははじまることになりました。

カリン保育園は公立であり、通常公立の園の保育内容は決して偏ってはいけないという取り決めがありました。私立保育園ならある程度自由に決めることができるのですが、公立では一定の内容に従って保育が行われるものです。ところが、建物の見た目通り、この保育園は少々変わった保育の方針を採っていました。

カリン保育園は、童唄を大切にした園で、保育室のレコードやカセット、ホールのピアノなどは使わない決まりになっていました。私がそれまで実習で学んできたことは、ピアノやレコードに合わせて唄を歌うようなもの。実習で学んだことが自分が保育士になったときの糧《かて》となるはずと信じていたので、現場に入って実習通りに進められないことに、いきなり大きな戸惑いを感じたのです。

私が受け持ったのは0歳児のクラス。はじめは確かに赤ちゃんにはレコードは必要ないかなと思いましたが、1歳になると、何かを指さしたりといったサインを出すようになってきます。すると棚の上にあるレコードも気になり、指さすのが当然のこと。それをまっすぐに受け止めて、私もレコードを指さしながら「これ？」と聞くと、赤ちゃんはニコッと笑います。するとうれしくなって、思わずレコードをかけてしまいました。

レコードから音が鳴りはじめると、うれしそうにリズムを取って、身体を動かしはじめる赤ちゃん。そのしぐさがかわいくて、私も一緒にリズムを取っていました。すると先輩の保育士が、

「なんでレコードをかけるの？」

と慌てて駆け込んできて、注意され、ショックを受けました。普段は先輩に抵抗したり、反抗したりといった引き出しを持ち合わせていない私でしたが、心のなかで葛藤していました。

「どうしてレコードをかけてはダメなの？」

「それならなんで、園にレコードが置いてあるの？」

もどかしい気持ちがわくと同時に、純粋な「なぜ？」という想いがどんどん膨らんでいったのです。

その保育園では、運動会でも音楽で盛り上げるということはありませんでした。まさに音のない運動会。ただ親子で遊び、童唄を歌い、肉声でプログラムを進めていく運動会に、何か物足りなさを感じたものです。「なんかヘンだな」という気持ちもますます大きくなり、頭の上にはいつも「？」と「！」があったように思います。

同僚である新人保育士もまた、私と同じように社会で働く経験をしてから保育士になった人でした。そんな二人ですから、先輩の保育士にしたら、どこか扱いにくい二人だったかもしれません。

ある日、私たちは、どうしても納得ができなくて、思い切って園長に相談することにしました。その前に、まずはクラスリーダーに相談したのですが、説明されればされるほど、理解に苦しみ、ますますストレスになっていきました。どうしてそうなのかという本当の理由ではなく、私たちを説得するような話ばかりなので、とうとう園長にじかに話を聞きに行ったというわけです。

すると飯岡園長は、

「あら、そうだったの？　そんなことで悩んでいたの？　もっと早く言いなさいよ」

とあっけらかんとされていました。新人が園長に意見するなんて畏《おそ》れ多いとどこか思っていましたので、その様子にこちらがビックリしていると、園長は「本当は先輩たちが、あなたたちも納得するように説明しなくちゃいけないのにね……」という言葉を残し、突然ホールにあったピアノを弾きはじめたのです。

これには、音を聴いた先輩たちが驚きながらやって来て、

「園長。どうしてピアノを弾くんですか!?」

と怒っている様子でした。園長は、

「どうして弾いちゃいけないのか、新人や若い先生たちが納得するように伝えてほしい」

とおっしゃってくださいました。なんだか、飯岡園長の強硬な態度に私たちの方がオロオロするような、申し訳ないような気持ちになったのですが、この一件で、ずっと抱えていた悩みを取り去ることができました。

園が掲げる保育方針

カリン保育園では、童唄は機械音ではなく、子どもの鼓動に合わせて肉声で届けたい。肉声で伝えることが感性を育んでくれるはず。心のこもった日々の声によって、童唄遊びや

手遊びをし、人形や空き箱製作などによって子どもたちに寄り添い、成長につなげていきたい。そんな保育方針を掲げていたのです。この話を聞き、自分が考えている以上にとても奥が深い保育がここでは行われていたんだと、初めて知ることができました。

そうだとしたら、なぜこの説明が最初になかったのだろうかと、当時はわからなかったのですが、今になって考えれば、まずは何も告げずありのままに現場に入って感じるイライラやストレスを感じとってもらいたい、そこで自分たちならどうするのか、そういったことを自発的に学んでほしかったのではないかと思います。

当時の保育現場というのは、先輩から「学ぶ」というよりも、「盗む」という環境でした。「聞こうとしなければ聞こえてこない」、「見ようとしなければ見えてこない」という状況で、どう成長していけるかということが新人保育士への課題でした。「学ぶよりも盗め」という言葉は、今となっては大事にしている語録の一つです。この園での体験がその根っこになっています。

新保育指針でも、童唄は0歳には0歳に合った童唄、1歳には1歳に合った童唄といったように、「個の育ちと向き合い、援助していく」ことが掲げられていきます。

子どもと接するときには、無理に聴かせようとせず、子どもが望んでいるときに、初めてそばに寄り添って行き、童唄を歌います。それまで泣いていても、ひざの上にのせて両手を持ちながら童唄を歌いながらあやしていくと、キャキャキャッと笑ってくれます。童唄をワンフレーズで止めると、もう1回とねだってくるものです。すると、その子だけでなく、それを見ていた周りの子どもたちも歩いてきたり、やりたいというサインを出してきたりします。

「じゃ、○○ちゃんが終わってからでいい？」

と聞くと、うんとうなずいてくれます。童唄では、四季やその子の要求に合わせ、一人ひとりとしっかりと向き合いながら、とことん対応していきます。そういった交流から、愛着や絆がより深まっていくことがわかります。これは、新人のころに気づかせてもらえたことです。

飯岡三和子園長との出会い

カリン保育園での日々を通して感じたのは、園の運営というのはその園の園長によって大きく変わるということでした。現在、園長先生を対象にした講演をやることも多く、園長は園という船に乗っている一人ひとりの力を借りて、舵取りをしている船長というイメージを持っています。

この園の舵取りをしていた飯岡三和子園長は、たいへんな活動家であり、保育界でも有名な方でした。そんな勉強熱心な飯岡園長に出会ったおかげで、人というのは一生勉強し続けるものなのだと知ることができました。勉強とは机上だけのものではなく、自ら足を運んで出向いた先にあるもの。たくさんの出会いがあって、出会った分だけ刺激をもらって、豊かな自分であり続けるために必要なものです。

就園前は、勤務が終わればあとは自分の時間だと思っていましたが、仕事帰りになると、飯岡園長から、

「はい、行きますよ」

と言われて、言われるがままにたくさんの勉強会や研究発表会に連れて行かれました。そんな場で出会った人のなかには、汐見稔幸先生など現在でもご活躍されている研究者の方々のまだ若かりし姿もありました。こうした保育や教育の先生方とのお付き合いは長く続いて、今でも気軽に話すぐらい親しくしています。

園内でも、やってごらんと背中を押されて、大きな行事の司会を2年目からやるように

なり、いつも全身から火が出そうなぐらい緊張していました。飯岡園長のやり方の特徴は、常に「人はやりながら学んでいくものだから」と、まずは経験させてくれることです。

保育士3年目となったころ、全国保育集会という大きな研究発表会があるから、園を代表して参加してくるように飯岡園長から言われました。東京の園の発表には、何百人という見学者が集まり、発表について熱心に耳を傾けています。

「実践的な保育を通して子どもたちがどんなふうに成長を遂げていくのか」というテーマで発表したのですが、田舎から保育士を夢みて出てきた私が、自分の言葉で多くの人にメッセージを伝えるなんてとんでもないと、ガチガチに緊張しました。けれど、どんなに大きな舞台であっても、場数を踏んでいくうちに場になじんでいくものです。きっと飯岡園長は、そういうこともわかっていて、大きなところに放りこんだのじゃないかと思います。

つらく厳しい童唄の指導

この園にいる間に、実践的な指導も受けることができました。童唄の指導です。音楽教育家でいらっしゃる方が設立された、とある研究会に通って童唄の練習をしていました。その研究会では、保育園や幼稚園、小学校の先生方が通い、日本の童唄だけでなくさまざまな童唄を習っていました。

本当に難しくて、指導も厳しくて、毎度泣きそうになりながら帰っていました。合宿も行われるほど、熱の入った練習でした。

カリン保育園は、童唄だけを用いて音楽教育をすると掲げ、童唄教育のモデル園になっていましたので、私たちが現場でどう実践しているのかと、童唄の指導をする先生方が見学にいらっしゃることもありました。ガラス越しに様子をうかがいながら、メモをして帰って行かれるのです。「見られている」と意識して、緊張でピンと張りつめた空気のなか、童唄を子どもたちに聞かせるのは、それは厳しい経験でした。

その後、振り返りの際には、私たちの言葉の出し方、添え方などをダメ出しされて、心にビシバシと矢が刺さるような思いをしました。研究会に通う日や、見学される日になると、本当に胃が痛くなるくらいの心持ちでした。つらい気持ちをマイナスにとらえないよう、バネにするよう、必死に頑張っていたように思います。

こうした経験が、自分のためになったと感じたのは、指導から離れてしばらくしてからかもしれません。若い保育士さんは、「保育園で働く」ことに必死になるあまり、一歩引いたり、客観的にものごとを見たりするのが、難しいところがあります。その分、保育園から離れて、研究会に通ったり、第三者から評価を受けたりすることは、保育を複眼的、客観的に見る視座を与えてくれたような気がします。

子どもの理解のスピードに合わせて――のぶちゃんの紙パンツ

ここまで勉強会や研修の話をしてきましたが、ここからは私が出会った子どもたちについてのエピソードを、伝えたいと思います。保育の学びという意味では、やはりじかに子どもたちから学ぶことが一番多いのです。私も子どもたちとのふれあいによって、たくさんのことを教わってきました。

3歳児を担任していたころ、支援を必要としている3歳の「のぶちゃん」という男の子が途中入園してきました。それまでは家庭でお母さんと過ごしていたそうです。ただ、3歳になってもあまり言葉を発しなかったため、お母さんが心配になって病院に相談したところ、軽度ながら発達が遅れていると言われたとのことでした。それまではお母さんといつも一緒の甘えん坊な子でしたが、お母さんとしては、保育園で他の子どもたちとふれあわせたいと考えられていました。

のぶちゃんが入園すると、周りの子どもたちものぶちゃんに興味津々《しんしん》。のぶちゃんはまだ紙パンツをはいていたので、周囲の子どもたちが、

「のぶちゃんはなんでまだオムツなの？」

と私によく聞いてきました。そこで、

「どうしてだと思う？」

と聞き返すと、「わかんな～い」という返事がきます。「わからないよね」と言葉をおさらいして、今度は「〇〇ちゃんは紙パンツ使ってた？」と聞くと、

「うん、使ってたよ。今は布パンツだけどねッ！」

と、ちょっと誇らしげな様子を見せます。

「おしっこはどこでするんですか？」

「トイレ!!」

「そうだよね、〇〇ちゃんも前までは紙パンツをはいてて、紙パンツでなくなったから今はトイレでするんだよね」

「うん」

「のぶちゃんも、今ゆっくり布パンツになろうとしてるんだよ。それまで待てますか？」

とゆっくり尋ねると、

「うんッ！」

と答えてくれました。これくらい丁寧にのぶちゃんを取り巻く子どもたちと接しました。

大人はついつい、子どもに対して「わかったでしょ！」と畳みこむように言いがちですが、子どもが理解できるペースに合わせて何度でもなぞりながら、話していくことが大切です。

あるときは、

「どうしてのぶちゃんは、お話しできないの？」

と尋ねてきました。遊ぼうと言っても、泣いて嫌がったり、私のところに逃げてきたりします。すると子どもたちは「つまんない」と言い出します。そんな子どもたちに、

「人にはね、言葉の引き出しがあるんだよ。でも心のなかに入っている引き出しだから、見えないの。今みんなからもらった言葉を心の引き出しにつめているんだよ。だから、いつかみんなと同じようにお話しできるようになるから、それまで待っていられるかな？」

そう伝えると、

「わかったーー!!」

と理解してくれました。

体験で本物の感覚をつかむ――のぶちゃんとおしっこ

入園からしばらくしたある日、のぶちゃんの紙パンツが濡れていないときがあったので、のぶちゃんに、

「トイレで座ってみる?」

と聞いてみました。コクンとうなずくので、座らせると、なんと初めておしっこが出たのです。その様子に本人が一番驚き、おしっこが終わるまでじーっと見ていました。きっと「これをおしっこって言うんだ」とわかったのでしょう。終わると、今度は自分で流すしぐさをし、レバーを押すのですが、力が弱くて水は一気に流れませんでした。

「手伝ってもいい?」

と尋ねると、「うん」とうなずくので、今度はのぶちゃんの手の上から自分の手を置いて、

「ギューッって流すんだよ」

と言いながら、そのギューッという感覚を覚えさせていきます。言った瞬間に、水がジャーと流れて行くのも、ずっと見ていました。すべてが終わると、私は思わずのぶちゃんを抱きしめて、

「おしっこでたね！」

と言いながら、不意に泣き出してしまいました。本当によかったと安堵するような気持ちになったのです。これは脳と排泄機能がつながった瞬間なのです。脳と生理現象は連動しているので、きっとじきに言葉も出るだろうなと思いました。

すると、予想を超えてその日のうちに、

「せんせ……」

と初めて言ってくれたのです。パパともママとも、まだ言えない子が「せんせ」と言ってくれて、これには本当にビックリしました（すぐに「お母さん、先に言ってもらっちゃって、ごめんなさいね」と思いながら……、ものすごく感激しました）。

その日のお迎えの時間はもう、待ち遠しくて待ち遠しくて。私たちにとっては、大事なニュース速報です。お母様がお迎えにきて報告したら、ポロポロと涙を流して、

「さく子先生、うれしいです、……本当にうれしいです！　ありがとうございます!!」

とおっしゃっていました。その後の言葉の習得は早かったです。「先生」、「ヤダ」、「ダメ」など言葉が出てくると、子どもたちも、

「のぶちゃんがしゃべった、しゃべった！」

と保育園中が大騒ぎ。まだまだ語彙《ごい》は少なかったのですが、ちゃんと言葉の意味が理解できていて、ゆっくりと前進しているのを肌で感じることができました。

周りの子どもたちもお友達のありのままを受け止めて、強引に引っ張っていったりしないで、ちゃんとエスコートしてくれていました。その子の持って生まれた境遇をみんなで共感し、周囲と幸せを分かち合うことができる、そんな素敵な日々をみんなで過ごすことができたのです。

その後卒園してからも、のぶちゃんはどんどん成長していき、自転車に乗って一人で私に会いに来てくれたり、大学入学を年賀状で報告してくれたりしました。今は結婚もして幸せに暮らしているようで、本当によかったなと思っています。

のぶちゃんがレバーを押したように、子どもの手に自分の手を置いてあげ、自分がやったようにしてあげることは、養成学校や研修で学んだことではなく、私のなかから自然にわいてくる考えから出た行動でした。

「一緒にやってもいい？」

と子どもに聞いてから、水をチョロチョロ出したり、ギューッとしてたくさん出したりします。そのときに、ちょっと手を加えるだけで、いかにも自分でできたかのような達成感を生みます。言葉のシャワーを浴びせるよりも、こうした1回、1回の体験で本物の感覚をつかんでいくことが大切だと思います。

思うぞんぶん大好きなことを

同じように、経験として体感していないと、蛇口などを「ひねる」、「しめる」、といったような動きは、言葉だけで理解するには難しいものです。子どもたちは水遊びが大好きですし、特に1歳児は飽きるまでジャージャーと水を出して喜びます。そのため、よくお母様お父様方から水遊びを止めさせたいという相談を受けます。けれども、水遊びはできるだけ好きにやらせてあげた方がいいと私は思っています。

保育園によっては、子どもたちに水道の方に立ち入らせないよう、ベルリンの壁ならぬ水道の壁のようなものを置いています。中には蛇口の栓を抜いているなんて場合も。これは、子どもが持っている「何かをやってみたい」という最良の想いを奪っていると思います。室内の水道は難しいとしても、外では思いっきり遊べるようにしてあげたいものです。何も水遊びへの興味が永遠に続いていくわけではありません。特に、1歳児の発達では、子どもの願いを発散させてあげると、ただ水を出して遊ぶよりも、今度は水を運ぶ方が面白いと感じるようになります。さらには次第に、バケツやスコップなど道具へ興味が移っていきます。子どもの興味は、成長に合わせてどんどん移り変わっていくのです。

だから、その時期、その時期の好奇心の芽を決して摘むことなく、のびのびと体験させてあげる、保育園がそういう場であり続けることは、とても重要なことです。

子どもを信じて「待つ」――とくえいくんとリズム遊び

海外から日本へとやってきた4歳児で、「とくえいくん」という子がいました。日本語をあまり話せなかったせいもあるのかもしれませんが、とくえいくんは園でやっていたリズム遊びに参加しませんでした。とても頑固な子で、やりたくないことは「イヤ」と譲らない、一度言ったことは変えないような子でした。ですから、リズム遊びをはじめるときにも、「やりたくなったら来てね」と伝えるだけで、無理に誘ったりはしませんでした。

参加したいという心持ちもあったのかもしれません。とくえいくんは参加こそしませんが、みんながリズム遊びをしているときには、ホールの隅からいつもその様子を見ていました。

2年間まったくリズム遊びに参加しなかった、とくえいくんですが、5歳になったときに変化が起きました。いつものように、子どもたちとリズム遊びをはじめていたら、スッとくえいくんも入ってきました。きっと、急に何かスイッチが入ったのでしょう。ビックリしながらも続けていたら、もっと驚くことがありました。

とくえいくんは、しっかりとリズムを取りはじめ、見事にリズムに乗ってやり遂げたのです。その姿を見て、「指導」や「教育」といった方法だけが、子どものリズム感を呼び起こすわけではないのだと感じました。とくえいくんは、リズム遊びに参加はしなくても、じっと見て聴いて、学んでいたのでしょう。

ついつい大人は、正しいリズムを身につけさせたいと思いがちですが、生きるためには、飛んだり跳ねたり走ったり、さまざまな身体の動きをしていく必要があります。誰でも日々行っていますし、そうするための順応する力も、人には蓄えられているのだと思います。

だから、ときには子どもがはじめるのを「待つ」ということが、重要なキーワードになってくるのです。とくえいくんが「参加しない」、「参加したがらない」ということで、「リズム遊びをしないと一人だけリズム感が身につかない」と考えてしまって、焦る必要はないのです。焦るのではなく、とくえいくんが本当に参加したくなるまで信じて、待つ。リズムを取れるようになる力が備わっているのだと信じて、待つ。

「こうしなくちゃ」、「こうさせなくちゃ」と強要するのではなくて、子どもの力を信じ続けること。その「待つ」ということの大切さを教えてもらいました。

お兄さん、お姉さんは、小さい子の憧れ——みかは私の妹

私は保育士として、ずっと「異年齢交流」の大切さを主張してきました。基本的に保育園は0歳児クラス、1歳児クラス、2歳児クラス、……と学年ごとにクラスが分かれています。もちろん、発達の段階は学年によって大きく異なりますので、年齢に応じた保育をするのも、大切なことです。

ただ、同じ保育園のなかで、年上のお兄さん、お姉さんと、年下の弟、妹と交流していく

のは、それは温かい光景なんです。二人、三人兄弟の子もいれば、一人っ子の子も多くいます。一人っ子であっても、集団生活のなかでは、兄弟姉妹の一員のようなものです。小さい子には愛おしむ優しい気持ちを持つようになり、大きい子には憧れの気持ちを抱くようになります。

4歳児の「かおるちゃん」と、1歳児の「みかちゃん」という姉妹が園にいました。4歳や5歳の子にとって、自分より年下の子への興味はつきないものです。みかちゃんと遊ぼうと、園庭で誘ってくる子がいました。

「みかちゃんかわいい～!!」

「あっちに一緒に行こ～!?」

すると、かおるちゃんが飛んできて、

「ダメ～!!　みかは私の妹だから。やめて、連れて行かないで!!」

と止めに入って、プチトラブルが発生します。板挟みになったみかちゃんは、二人をキョロキョロと見ながら、ポカンとしていました。

けれども、1日また1日と園での生活が続くうちに、自分と妹が姉妹なんだ、そのことが奪われることはないんだとストンと落とし込めるようになっていきます。お姉ちゃんもいつでも妹の世話をしてはいられないので、だんだんと構わなくなっていきます。

すると、最初のプチトラブルを起こしていたときとはすっかり変わって、他の子が「かわいい」と面倒を見るようになっていきます。

よく年長の子が、年下の子を連れて来て、

「○○ちゃんは、私の妹なの」

「ホントの妹じゃないけど、でも妹なの」

と言ってくる場面がありました。本当に弟や妹のようにかわいがって、クラスから出てくるのを待っていたり、泣き出すとすぐに飛んで行ったりします。

小さい子にとって、兄弟が同じ場所にいる、同じ園にいる、ということは、とてつもない安心の材料になります。それと同じで、仲良しのお兄さん、お姉さんがいてくれるということも、安心感を与えてあげられます。

異年齢交流という宝物――切り株を介して

園庭で、0歳児の子と年長の子が、こんな交流をしている場面を見たことがあります。

0〜1歳児は感触を確かめる、まさに体験の時期です。何かつかんでみて「やわらかい」、「冷たい」、「ぬるっとして気持ち悪い」、となんでも初めてさわってみて、感覚を覚えていきます。

ある0歳児がハイハイをしながら、切り株の上で遊んでいた年長のお姉さんに近づいて行きました。切り株に来ると、よじ登ろうとします。優しいお姉さんは、その様子を見て、

「登りたいの？」

「どいてあげるね」

と言って譲ってあげたのです。その後も、懸命によじ登ろうとする赤ちゃんを、無理に登らせようとしないで、じっとそばで見ていてくれました。まだ小さくて力もないので、自力で完全には登れないのですが、身体の3分の2ほどを切り株にペタッとつけられたところで、

「できたね!!」

と褒めてあげていて、赤ちゃんの方もニコッと笑っていました。お姉さんの優しさのおかげで、この赤ちゃんも切り株に登る感覚を手に入れることができたのです。

すべての子が、すべての子のモデルになります。それは良くも悪くもかもしれません。この切り株の場面でも、お姉さんの方の立場になったときに、「来ないで！」、「あっち行って！」と言って、赤ちゃんを邪魔者扱いしたくなる子もいるでしょう。悪さをした年上の子を、年下の子が真似することだってあります。

それでも、それをただ止めるのではなく、止めずに見守る、寄り添う姿勢が大切です。そのためにも、これは手伝った方がいいな、今言葉を添えてあげるタイミングだな、という見極めをしていく必要があります。

先ほどの話で言えば、なかなか降りない赤ちゃんを観察して、「そろそろ降りる？」と聞いたり、本当は自分も切り株に登っていたいお姉さんに「大丈夫？　登りたい？」とタイミングよく尋ねたり、保育士の方でも二人に寄り添っていました。

年上の子にとっても、年下の子にとっても、異年齢交流の経験は宝物のようになります。だから、「たいへんだから」と片づけないで、寄り添う姿勢で、積極的に交流できる場を園につくっていってほしいと思います。

3章

保育士として、母親として

初めての異動

公立と私立の保育園の違いとして、公立の保育士の場合、必ず異動があることが挙げられます。目黒のカリン保育園で勤めて4年ほど経とうとしたころ、ミカン保育園に異動する話が持ち上がりました。当時のミカン保育園では結婚を機に退職される方が多く出て、乳児の保育経験者が少なくなっていました。そのため、求められていたのは、乳児クラスの経験者であることの他、独身者であること、通勤経路が便利な人という三つでした。この条件にピッタリ当てはまるのが、私だったのです。

この話を聞いたとき、正直、尊敬する飯岡園長のもと、もっと学びたい、離れたくないという気持ちでいっぱいでした。ただ、新人から4～5年の勤務では、基本的に異動について自分の意見を通すことができません。飯岡園長は無理じいすることなく、このことを職員会議にかけてくださり、「異動してもいいという人は手を挙げてほしい」と提案してくださったのですが、結局手は挙がらず、涙をこらえて私が異動することになりました。

しかも、乳児クラスの担当がいないということで、異動すぐにもかかわらず、クラスリーダーとして迎えられることになりました。普通は異動してすぐにはクラスリーダーになることはないので、飯岡園長とミカン保育園の園長が事前に話し合って、異動前に現クラスリーダーの方と細かい引き継ぎの機会を設けてくれました。玩具のリストがきちんと準備され、棚を全部開けて何がどこにあるかを頭に入れ、これまでどんな保育をしてきたのかなど丁寧な説明をしていただき、「これからはよろしくね」とバトンタッチされました。

当時のミカン保育園では、大人が提供した道具でしか遊べないという状況がありました。たとえば、人数分の布貼りされたダンボールがあり、「廊下で電車ごっこをするからおいで〜」と子どもを集めて一緒に遊んだり、みんなでテーブルでお絵描きや粘土をしたり、読み聞かせをしたりしていました。この風景を見たときに、「一人遊びを充分にできる環境とは？」と考えると、それとは違う環境だと感じました。

そのとき、自分はどんな保育がしたいのか、どういう保育環境をつくりたいのか、保育で何を大事にしたいのか。それを踏まえ、何もない保育室から、子どもたちが自ら遊べる環境構成をいかにつくっていくのか、そのためにはどうしたらいいのか、クラス運営をどのように行っていくか。あれこれとイメージをしていました。

一見、ほほえましい保育風景に感じるかもしれませんが、こういったお膳《ぜん》立てされた保育は1歳児の発達には見合っていません。そう思うといてもたってもいられず、周囲の職員と常に相談し、提案することからはじめました。まずはどういう子どもになってほしいのか。そのためには、どういう環境をつくっていけばいいのか。そんな視点から問題点を浮き彫りにし、新たな環境を整えていったのです。

きっと周りからは、うるさい人が入ってきたなと思われていたことでしょう。私の言葉の引き出しに、「静かに騒ぐ」という言葉があるのですが、どんなときでも声を荒らげたり、威圧的になったりするのではなく、とことん相手の懐に入りこんで、丁寧な言葉で、しっかりと自分の考えを伝えていきたいという想いがあります。みんなで問題意識を持つことで、だんだんと保育内容を語り合える関係になってきました。

そんなのびのびと理想とする保育環境を追求させていただけたミカン保育園ですが、その園長も尊敬すべき方でした。

月に一度、夜に職員会議で保育の振り返りをしていたのですが、そのときにどうしても二人の幼い子どもを預かってくれる人がいないという職員がいました。そんなときは園長が、

「あら、それじゃ仕方ないわね。だったら子どもを連れてくれば？」

と言って、子どもたちを部屋で遊ばせながら、会議を開いたものです。もちろん、その対応に誰もが賛成しているわけではなく、なかには、

「次回からは必ず見てくれる人を見つけるように」

と指導する人もいました。けれど、園長のいろいろな人の事情をすべて受け入れる器の大きさが、園全体の空気をよくしていく力になっていました。

「ケガをさせる」という失敗

このころの私の失敗談として、「子どもにケガをさせてしまった」ことがあります。命を預かる保育士という立場ですから、大きなケガをしないように、私も同僚の保育士たちも気を配っているつもりでした。

子どもたちはL字形になっているテラスで遊んでいて、強くぶつけたら切れるようなところにも、ケガ防止のための保護はしていませんでした。片側に三人、もう片側に私一人という配置になっていました。

すると、私の目が離れたときに、女の子がすべって転んで、段差の角に思い切りおでこをぶつけてしまったのです。おでこが切れて、血が出てきました。

幸い大事にはいたりませんでしたが、縫合するようなケガで、大きく痕《あと》が残るようなものではないにせよ、特に女の子でしたので気が気ではありませんでした。保護者の方は「大丈夫です、仕方ないことですよ」とおっしゃってくれましたが、深く反省しました。

その後、落ち着いてから、職員同士で反省会を行いました。私が危ないと気づかなかったのはなぜなのか、なぜ片方にばかり偏って保育士がいたのか、どう保護しておけばよかったのか。よく語り合って、保護者の方にも誠実に説明し、謝罪いたしました。

私が大きなケガをさせてしまったのは、あとにも先にもこの1回でしたが、保育士として、主任として、園長として見てきたケガの場面を見ると、普段の保育をいかに丁寧な心構えで行っているかが重要であり、またいかに保護者との信頼関係を築けているかが問われると感じます。

結婚の条件

ミカン保育園には、保育人生で最も長い10年間在籍していました。その10年の間に私は、結婚し、出産もしました。保育士をめざす人のなかには、「結婚しても仕事を続けられるのか」といったことに興味や関心のある方もいらっしゃると思います。何か参考になればと思うので、私の仕事外のことも少しお話ししたいと思います。

夫とは、最初はまったく親しくはありませんでした。ただ、私の叔母と夫の父（義父）を介して、その縁で夫の実家に何度か行くことがあったのです。

私がミカン保育園で働き出したころ、夫は京都の会社に勤めていました。日本全国を自転車で走り回るなかで京都にほれ込み、それだけの理由で京都にある会社に就職したということでした。

あるとき、私が研修で京都に行く予定があることを聞いた義父から、「京都にいる息子に手紙を渡してきてほしい」と手紙のメッセンジャーを頼まれたのです。そのときは、何も気にせずに簡単に引き受けましたが、よく考えれば電話をすればすむようなこと、わざわざ手渡しで手紙を持って行く必要はなかったのです。夫と待ち合わせをして手紙を渡しただけでしたが、今考えると、義父がキューピッド役だったのですね。

その後、夫が東京に戻ってきて、そんなこんなで何度も会ううちに私たちはお付き合いをすることになりました。

結婚に関しては、私は一つだけ決めていることがありました。それは、結婚しても絶対に仕事を続けること。

夫との結婚を考えるようになったとき、真っ先に相談したことでもあります。

「私は保育士という仕事を生涯の仕事にしたいと思っています。そのことを丸ごと受け止めてくれますか？」

と尋ねました。すると、保育士としての仕事を続けるのはもちろん、仕事が終わってから勉強会や研修で学び続けることも了承してくれたのです。こうして、夫と結婚することになりました。

保育士のなかには、結婚や出産を機に仕事を辞められる方が、かつてもたくさんいましたし、今でもいらっしゃいます。自分の人生を振り返って、母として、女性として、仕事人として、どこに最も力を注いできたのだろうかと考えたとき、やっぱり仕事だったと思います。私は結婚をし、娘を二人産み育て、保育士としても60歳で定年を迎えるまでまっとうすることができました。

それは私一人の力でできたことでは到底なく、娘に寂しい想いをさせたこともありますし、周りの方に助けていただいたり、夫に支えてもらえたり、たくさんの協力を得られたからです。周囲の助けによって「自分は生かされてきた」という想いを強く持っています。

何より助けてくれたのは夫です。料理が得意でない夫でしたので、離乳食のときこそ私がつくっていましたが、娘たちが乳児から幼児に成長して以降は、よく二人をご近所のお店に連れ出して、外食することもありました。今でもそのころ通っていたいくつかのお店の方が、

「お嬢様たちはどうしていますか？　ご結婚されたそうですね？」

と気にかけてくださるくらいです。早く家に帰れたときや休日は私も親業をしていましたが、子育ての半分は夫がやってくれていたように思います。

夫も働いていますので、昇進していけば遠方への異動の辞令が出ることもあります。家族で異動することになったら、私が一度仕事を辞めなくてはなりませんし、単身赴任することになっても、幼い娘二人を私一人で育てることになります。

そこで、辞令が出そうになったときに夫は本社まで赴いて、

「私は子育ても忙しいので、遠隔地への異動はできません」

と直談判してくれました。後日、社長が夫の支社までやって来て、

「そんな直訴されたことは会社の歴史のなかでも初めてだよ」

と感嘆されたとのことです。

「仕事よりも家庭を取った」と考えてしまうと少し申し訳ない気持ちになりました。けれども、夫とはなんでも素直に言葉にして相談し合える関係でしたので、そのことで何かもめたり、夫を犠牲にしてしまったと気に病んだりするようなことはありませんでした。夫は、

「あのときの判断は、今でもよかったと思っているよ」

と言っています。夫は私にとって最大の理解者です。

親切なご近所さん

ご近所の方々にもずいぶんお世話になりました。長女と次女でそれぞれ娘のようにかわいがってくださるお家がありました。

長女は赤ちゃんのときから、となりのご家族によく見ていただいていました。保育園から戻ると、自分の家でなくそちらの家に「ただいま」と帰るような毎日で、迎えに行くとそこのおじさんのひざにチョコンと座っていました。

「おでん、いっぱいつくったから、今日の一品にしてね」

「天ぷら揚げたから、持って行って」

と、とても親切にしていただいて、お正月も家族ぐるみで過ごしていました。

一方、次女は、目の前のお宅にお世話になっていました。文京区の保育園に通っていたのですが、そこは3歳にもなると、みんながお受験のため幼稚園に移ったり、習い事で早く帰ったりするような子がたくさんいる土地柄でした。それを見て、その家のおばさんが娘を不憫《ふびん》に思ったのか、夕方16時には迎えに行ってくれて、そのまま「別宅」と冗談で呼んでいたお宅でお世話になっていました。おじさんも仕事から帰ると和服に着替え、娘を連れて家の周りを一緒に散歩してくれました。

そのままお風呂にも入れてもらい、夕飯までご馳走になって、私が会議などで遅く帰ったときには、お布団で川の字になって寝ていることもしょっちゅうでした。まさに、実家以上。

それくらいですから、私がたまに次女を保育園に迎えに行くと、次女のお友達から、

「誰のお迎え？」

「誰のママ？」

と聞かれてしまうこともあって、さすがにショックで寂しい気持ちになることもありました。

娘たちは、今それぞれ結婚し、子どもを産みましたが、出産して実家に連れてきたときに、真っ先に訪ねて行ったのがそれぞれにお世話になったお宅でした。すると、どちらのお宅でも、本当にわがひ孫を見るように涙を流して喜んでくれました。

次女がお世話になったおじさんは、もう88歳でしたが、次女が産んだ子どもをしっかり抱っこしたいから体力をつけようと、産まれる前には毎日のようにストレッチをしてくれ

ていました。頑張って元気でいようとされて、次女の子どもを抱っこする際には本当にうれしそうにしてくださいました。

今では、商業サービスや福祉のシステムによる子育て支援が整えられつつありますが、私が子育てをしていたころは、

「ちょっと買い物に行ってくるから赤ちゃんを見てて」

「戻ってくるまで抱っこしとくね」

ということが、当たり前の子育ての風景でした。娘たちはもちろん、孫の代になってもそれが続いていく。そんな光景を見ていると、人の一生だったり、人のありようというのは、いろいろな方と出会いながら一生かけて学び続けていくものと改めて感じています。

恵まれた時代だったと思われるかもしれませんが、子育てにおいてどんなことでも人と声をかけ合うことはいつの時代も変わらず大切なことです。そうすることで悩みを共有できますし、「なんだ、不安に思っていたのは私だけじゃないんだ」という気づきにもつながるはずです。

今でも保護者同士、声をかけ合って助けてもらうこともあると思います。保育園でもク

ラス懇談会や保護者向けのワークなどを通して、子どもの名前の由来などを発表し合ったり、「だだこねが強いんですが、どうしていますか？」といったテーマで話し合ってもらったりといった時間を取ることがあります。そのときは、私たち保育士は入らないようにして、保護者の方々に肩の力を抜いて語り合ってもらっています。本当は地域社会で自然につながりが生まれるといいのですが、共働きの家庭が増えるなか、保育園が保護者同士をつなぐ役割の一端を任されていると感じます。

仕事と子育てのはざまで

保育士になって結婚、出産をすると、

「子育てと仕事の両方をやっていく自信がない」

「子どもが好きだからこそ、わが子を大事にしたい」

「両立はあまりにもたいへんだから、辞めたい」

という人は多いです。わが子が一番かわいいからこそ、もっと時間をかけて向き合いたいと思うのは、当たり前のことかもしれません。

私のころにはすでに育休制度ははじまっていましたので、みんな1年は育児休暇を取れるようになっていました。けれど、私の場合は娘たちが夏生まれだったので、4月入園の子どもに合わせて職場復帰するためには、半年ほどの育休しか取れませんでした。

生まれた娘がまだ生後半年という早い復帰だったので、まだまだ母乳が出ていました。そのころは、園の赤ちゃんの泣き声に反応して胸が張ったり、必死になって仕事をして気づくと、Tシャツからエプロンまで母乳でしみていたりすることもありました。畳のある休憩室で、搾乳した母乳を捨てるときにはさすがに涙しました。せっかくの母乳をわが子に飲ませられない寂しさはもちろん、こんなに栄養もあって、大切なものを捨てるなんて……。罰当たりさにつらい気持ちになることもありました。

娘二人が乳児期を過ぎても、子育てと仕事との間で葛藤を感じることはあります。次女が体調をくずして入院することがありました。そのときばかりは、わが子の看病を満足にできない状況で、仕事だからと他のお子さんの世話をしているということに、かなりもがき葛藤しました。時間をつくって病院に行ってもすぐに戻らなくてはならない。仕事のあとに行っても夜には病室から出なければいけない。

帰ろうとすると、娘にけたたましく、

「ママー！　行かないでー!!」

と泣かれるので、そのたびに、ここまでわが子につらい思いをさせなくてはいけないのかと自分を責めました。

その病院の看護師さんからは、帰り際にお説教を受けることもありました。当時は子どもをどこかに預けてまで仕事をするという母親は少なかった時代性もあるのでしょう。

「こんなに子どもがつらいのに、働き続けるのですか？」

と叱責されたこともあります。もちろん病気で入院しているというだけでも、娘がかわいそうでつらい気持ちになっているのに、「母親としてダメだ」と言われて心が折れそうになりました。

長年保育と関わってきて思うのは、子どもが体調をくずすとき、ストレスが大きな引き金になっているということです。娘も、私の心のゆとり、時間のゆとりがないときに、よく体調をくずしていました。親だって生身の人間です。忙しさのあまりゆとりがなくなることはあります。けれど、子どもは親の愛を丸ごとかじりながら成長していくもの。親にゆとりがなく相手をしてあげられなくなると、子どもは体調をくずしてしまい、それが子どものサインなのだということを痛感してきました。

たくさんの子どもの成長に関われる仕事だからこそ、よりいっそうわが子への想いが募る、保育士という仕事には、そういう側面があります。だからこそ、続けていくのは「なぜこの仕事を選んだのか」、「どんな保育をしたいのか」といった自分の原点をブレずに、すえて続けていくことが大切になってきます。

愛娘からの悲しい質問

こんなふうに私は保育の仕事中心に生きてきましたので、きっと娘たちにも寂しい想いをたくさんさせてきたと思います。

あるとき、自宅のピアノで、保育園で弾くための曲を練習していたときのこと。次女が、

「保育園のお友達と私、どっちが大事？」

と不意に聞いてきたのです。私はその質問に内心ドキッとしながらも、

「あなたが大事に決まっているでしょ」

と答えました。「そうかぁ」とそのやりとりはそれで終わったのですが、次女が大人に

なってから、

「おかん、覚えてる？」

と話を切り出してきました。それは、あのピアノの前でのやりとりについての話でした。

「おかんは私の方が大事って言ってたけど、あのときは保育園の子の方に気持ちがいってるってわかってたよ」

そんな小さいころのことを覚えていたのかと驚いていたら、次女は続けて、

「だけど、私はおかんと同じ仕事をめざす！」

と言いました。

「それで、いいんですか？」

とつい、きどって言ってみたものの、内心では泣けるぐらい感動していました。

病気で入院したときも一緒にいてくれずに仕事に行く親を恨んだり、つらい気持ちになったりしていたことでしょう。事実、次女には昔からよく、

「おかんみたいには、絶対ならない」

と言われていたのですから。

社会人になっていくという子育ての集大成のところで、私と同じ仕事＝保育士になりた

いと思ってくれたことで、すべてが報われた気がしました。ここまで必死に働き続ける私の後ろ姿に次女は何かを感じてくれたのでしょう。素直にうれしくなりました。

その次女が保育士として働きはじめたころ、長女は一般企業で会社員をしていたのですが、

「何か思い描いていたものと違う」

といつも葛藤していたようでした。そんなとき、よく保育のことについて語り合う次女と私の姿を見て、「保育士っていいなぁ」と思うようになったようです。

ある日、長女が、

「もう一度、大学に入りなおして、保育士になりたい」

と言い出しました。ビックリしながらも、「人生何度でもやりなおしがきくんだから」と賛成しました。人生は、回り道、寄り道して、いつでも何か人生の「忘れ物」を取りに行っていいんだと常日ごろから思っていましたので、夫と二人で、

「娘たちがやりなおしたいことは、いつでも応援していこうね」

と決めていました。その長女も今では願いが叶って保育士として働いています。

「つぶやき」を拾う教育

これまでも娘たちが進路に悩みながら、受験勉強などで一生懸命さが感じられないときにも、

「頑張れ！」

「しっかり勉強しなさい！」

とは言わないできました。その代わり、夫とよく、

「いいよね、受験なんて。これからどんな素敵な大学に入れるんだろう」

「私たちなんて今から受験勉強したくてもできないもんね」

「もう一度生まれ変わったら、どんな仕事につきたい？」

と、よく娘たちの前で言っていました。それは、「今、起きていることは自分自身の問題なんだ」と意識してもらうため。常に、

「自分はどう思うの？」

「自分はどうしたいの？」

「どんなふうに生きていきたいの？」

と、自分の心の引き出しを開けて自らと会話する力を養ってもらいたかったのです。そのために、小さなころからことあるごとに尋ねていました。何かあるたびに、

「それで、あなたはどうしたいの？」

「あなたはどう思う？」

と聞いていたのです。

このことについては、大きくなった娘たちから、

「なんでも聞いてくるから、いちいち考えて答えるのがめんどくさかった」

「私も友達の家のように、ビシッと頭ごなしに叱ってほしかった」

と言われたものです。それでも、どんなときも自分の言葉で会話してほしいという姿勢を貫いていたら、姉妹で「どう思う？」と会話のキャッチボールをしている声が聞こえてくるようになりました。

娘たちが思春期真っただなかの中学、高校のときも、

「『ぼやき』、『なげき』は誰も拾わないけど、『つぶやき』は耳に心地いいから拾ってもらえるよ」

と話していました。親として、子どもたちがテストが嫌だとボヤいていても拾わない。それよりも、「どうしたい」、「どうなりたい」、「どう感じた」というつぶやきを拾ってあげて、本人にフィードバックしていく。法にふれない限り、自分の人生、自分で責任を持って、切り盛りしていってほしいと言葉や態度でさりげなく伝えてきました。

孫の成長を見て学びなおす

私は長女とは30歳離れていますので、0歳児～34歳までの子育てを経験した、親業34歳の母親となります。もし私が、まかり間違って100歳まで生きるようなことがあれば、親業70歳の母親になれます。親というのは、子どもの成育に合わせて、その成長の伴走者になっていくわけですが、たとえ子どもが社会人になっても、結婚をしても、親であることに変わりはありません。ですから、私は娘が生きてきた分だけの親業をしてきたわけです。もちろん、子どもが成長してくれば、小さいときのようなべったりとした関わりは止めて、過干渉にならないよう切り替えながら伴走者の役目をしてきました。

そして、孫が産まれ、1歳の誕生日を迎えたら、私と夫もジジババとして1歳なわけです。今、孫と関わるという大きなチャンスを得て、改めて赤ちゃんの発達についてじっくり観察しながら、発達の学びなおしをしたいと思っています。また、子育てをしはじめた娘たちにとっても、保育のことをより深く知ってもらえることにつながったらうれしく思います。

孫のオムツを替えるときに、

「お母さんから私に変わりますよ〜。いいですか？」

と言うと、ニコッと笑う孫たちです。意味はわからないけど、「いいですか？（↗）」と語尾が上がる音が心地いいのかもしれません。また、私が孫をひざにのせて、童唄を歌いながら、唄遊びをしていると、孫がよく笑ってくれます。すると家に戻ってから次女から、

「おかんがやってたように私もやったら、笑ってくれた」

と言ってきてくれました。こうやって、母から娘へ、そして孫へと子育てが伝授されていったら、これ以上の幸せなことはないと思います。娘たちには、私たち夫婦を親にしてくれてありがとう、しかも孫のジジババにさせてくれてありがとうといつも感謝していま す。

よく孫ができると、

「『おばあちゃん』とは言わせたくない」

と考えている人の話を聞きます。でも決めるのは子どもです。子どもというのは、保育園や幼稚園に行き出すと、他の大勢の子になじんでしまいます。だから、昨日まで両親を愛称で呼んでいたのが、パパ、ママと呼びはじめたりすることは、保育士のときによく見ていました。言葉の引き出しがどんどん増えていくと、友達から、

「何、その呼び方？」

と言われたりしながら、ますます希望から外れた呼び方になってきてしまうのです。それは子どもの成長の証ですし、無理に呼ばれたい愛称を押しつける必要もないでしょう。

親になってわかること1　親子関係の機微

保育士の仕事と子育ての両立についてお話してきましたが、単純に「子どもを持つ」、「子育てをする」という経験によって、保育士として成長した面もあったように思います。

初めて子育てをした育休中に感じたことは、普段接している保護者の方々は、こういうふうに子育てをしてきたんだなということでした。まさに、24時間子育ての状況のなかに

自分が立たされてみると、そこは「きれいごとじゃない」世界でした。生身の子育てをしたことで保育園の子どもや保護者との向き合い方を仕切りなおしました。

たとえば、長女のときには夜泣きがひどくて、夜中に何度も起こされていたのですが、それに夫がまったく気づかず熟睡をしていると、イラッとしてしまうこともありました。起こしてしまえばいいのですが、夫も疲れているだろうからと思うと、余計にイライラが募ってしまうのです。

そんな子育ての現実を改めて肌で感じると、それまで私がお母さんお父さん方に意見していたことは、一面的でしかなかったなと痛感させられました。そのときは勉強してきた知識と保育の現場での経験から、正しいことを言っているつもりでいましたが、上から目線、指導目線、理想論、机上論、そんな面があったことに気づかされました。本当に若いころはあんな生意気なことがよく言えたなと、あきれるところもあります。そんな実体験を経て、保護者の方々への見方も変わってきました。

保護者のちょっとした様子から、子どもが抱えてしまっている気持ちに気づくことも、自分で子育てをした体験によっていち早く学べたのかもしれません。

保育園で朝、お母さんがお子さんを連れてきます。

「おはようございま〜す」

という挨拶はいつも通り元気でも、なんだか表情がいつもと違って、妙に暗い。そんな様子を見ると、

「あっ、今朝家で何かあったな!?」

と感じるわけです。もちろんお母さんには何も言いませんが、そういうときにはたいてい子どもは気にしていて、誰かに話したがっているものなのです。そばにいるだけで、

「今日ね、ママとパパ、ケンカしたの」

と言ってきます。

「あら、それはたいへんだったわね」

「うん、でもパパが悪いんだ。ママをいじめたの」

「それは悲しいよね」

子どもはそんな誰かに聞いてほしいという気持ちをワーッと出したら、あとはケロッとします。そんなときはギュ〜ッと抱きしめてあげて、

「もう離して」

「離していいの？」

「いいの！」

「よかった！」

といって解放してあげると、全部気持ちが切り替わって、今日も保育園に来てよかったと安心して遊びの世界へ飛び込んでいけるようになります。

保育論といった理屈ではなく、親子の間の機微《きび》がわかるようになると、それまで気づかなかったような子どもの心持ちも見えるようになっていきます。もちろん、保育士にとって大事なものは人間性の豊かさであって、子育て経験が絶対に必要なわけではありませんが、親となって子を持つと、また複眼的に保育に向き合えるようになるかと思います。

親になってわかること2　わが子のケガ

知らないところで、わが子がケガをする。それが保護者にとってどれくらい心配なことであるか。身をもって感じたのも、私自身が子どもを保育園にお願いしたことによってです。

子どもは走り回ったり、周りを見ずに夢中で遊んだり、すり傷、切り傷、ぶつけた傷など、ケガをしてしまうことは必ず起こります。それは、家庭内であっても、保育園内であっても変わりません。親がずっとそばにいればケガすることはない、というわけでもありません。けれども、自分の目が届かないところで起こる、わが子のケガは、親にとってはとても不安にさせる事態です。

娘二人が保育園に通っていたころ、私はたまたま早く帰れて、お迎えに行けた日がありました。特に変わった様子もなく、笑顔で「さようなら」と言って家に帰りました。家に着いて、娘二人を「お風呂に入りましょ」と裸にしたときに、初めて気づきました。

次女の背中に、くっきりと歯型の痕がついていて、そこがひどく鬱血していたのです。それを見た瞬間、自分も保育士であることを忘れて、母親として熱くなるような感覚を覚えました。

これだけ深く噛み痕があるのなら、次女も大声で泣いたでしょうから、保育士の方も気づいたはずです。子ども同士のケンカか何かでケガをすることはあるでしょうから、それは仕方のないことなのですが、

「なんで、報告してくれなかったの?」

という想いが瞬間的に駆け抜けました。

保育園に子どもを「預けている」わけですから、「安心して」預けたいと、親として誰もが願うことでしょう。保育士さんとしては、「泣き止んで元気になったし、大きなケガでもないから、大したことではない」と考えて、伝え忘れただけなのかもしれません。ケガをした状況を教えてくだされば、「よくあることですよ」と気にもしなかったでしょうが、詳しい事情を知らないままになってしまうと、園に対しても不信感を抱いてしまいかねないのです。

母親になって、「わが子」を思う気持ちの強さを自分自身で感じるようになると、今まで以上に保護者と保育士との信頼関係の大切さに気づかされました。

子どもにケガをさせてしまうこと、それが保護者の逆鱗にふれることに、弱腰になってしまう保育士もいるかもしれませんが、まずコミュニケーションを取って、少しずつ信頼関係を培っていくという、できるところからはじめてほしいと願います。

「仕事人」として保育をする

日ごろから子どもを持つ保育士のみなさんに伝えていることがあります。それは、

「保育園の門をくぐったら仕事人になってほしい」

「園を一歩出たら、仕事のことは一切忘れて、家庭へと頭を切り替えてほしい」

ということです。オンオフの切り替えを自分なりにできるようになれば、子育て中のつらいことや葛藤も、乗り越えていけると信じています。それは一般の社会や仕事でも同じことです。


仕事を家庭に持ち帰ってしまうと、子どもはイラッとします。子どもが寝てからやるのはいいと思いますが、家でも仕事をしていると、相手になってもらえないと不満がたまっていきます。どうしても急いでいるときなどは、

「ごめんね。でも、終わったら一緒にお風呂に入ろうね、寝ようね」

というような言葉を添えるか添えないかで、子どもの気持ちはまったく違ってくるものです。働きながら子育てをするとき、その忙しさのなかに子どもも巻きこむわけですから、

その都度、気持ちを伝えていくことが必要です。

私も娘たちから見たら、仕事ばかりして鬼の親かと思われていたでしょう。けれど、お母さんだから、女性だからではなく、一人の人間として自分の一度きりの人生を生きるには、働き続けることで得られる学びがとても大事だと思います。

自分が社会によって生かされていると実感すること。自分の力を社会で実践し続けること。その覚悟がなく、何も自分のなかで芯になるものがないと、

「結婚して気づいたらママになっちゃった!!」

「急いで預けるところを探さなくちゃ!!」

と流されていってしまいます。

生きるとは、そんなことじゃないと思っています。たとえ必死に働くことでわが子に寂しい想いをさせたとしても、良かったこともつらかったことも含めて、両親は自分たちを責任持って育ててくれたと、いつかわかってくれる日がきます。私も子育てしながら仕事をし続ける自分の姿を娘たちに見せながら、今だけではなく、将来のことを見すえて頑張ってきました。

育休からの復帰については、前述の通り、私の時代は育休制度によって出産後も働きやすくなっていたものの、私より上の人たちは、産休明けにすぐ働くというのが珍しくありませんでした。出産後57日で復帰する保育士たちがたくさんいました。

私は半年ほど育児休暇を取らせてもらいましたが、産休や育休の間も、保育園の行事があると産まれたばかりの娘を連れて行っていました。すると、半年前まで自分が見ていた園児がどんなふうに成長をしているのかがわかります。顔見知りではない保護者たちに対しても、

「今はこの保育士が育休中なのね」

「来年はこの人が担任になるかもしれないね」

と顔つなぎもできるわけです。スムーズに職場復帰するためには、そういう積み重ねが大事です。

もう一つ育休に関することとして、周りへの感謝の念を持ってほしいという想いがあります。育児休暇というのは、もちろん取得して当然の権利なのですが、その後ろにあるのは、支えてくれている職員がたくさんいるからこそ使える権利だという事実です。休んでいる

間に、自分の代わりになって多くの保育士や職員が園を支えてくれているからこそ、自分はわが子と向き合って育児をすることができる。私はそういう感謝の気持ちを忘れないようにしたいと思ってきました。

畳と障子のある暮らし

結婚、出産と人生の節目を迎えさせてもらったミカン保育園で10年あまり勤めたあと、クルミ保育園に異動となりました。そこでは、園の建て替え工事のため、元国鉄の官舎を借りて、約1年仮園舎生活をすることになったのです。これは風変わりで面白い体験となりました。

この官舎は古い公営住宅のような建物で、リビングとして畳の部屋が二つあり、書斎があったところをトイレにして、外にはトトロの森のような園庭が広がっていました。テニスコートが何面も取れるような園庭でしたので、0歳の子が遠くまで行ってしまうと、まるで豆粒ぐらいにしか見えなくなるほど、とにかく広かったです。園庭の端っこまで行って戻ってくるときには、途中で休憩しなければならないほどでした。

元官舎ですから、一般的な保育園とはいろいろと勝手が違う面があります。まずは部屋に大きく畳が敷いてあること。畳の部屋は不思議なもので、フローリングの部屋とは違って居間にもなれば寝室にもなります。

たとえば、畳の上でお友達とケンカした子どもが、そのままごろんと寝転がっているので、すねているなと思っていたら、いつのまにか眠ってしまっていることも多く、

「あらあら、たいへん、毛布をかけなくちゃ」

という経験を何度もしました。そのうえで、

「そろそろ、起きませんか？」

と言いながら無理やり起こさなくても、畳の上で遊んでいる子どもの足音だったり、ポンと何かがぶつかる音だったりと、畳の部屋には生活音がありましたので、自然に目が覚めるのです。畳の部屋には大きな押し入れもありました。押し入れをどんどん開放すると、上段はいろいろな道具を入れる場所になっていきました。下段は「押し入れの冒険」と称して、子どもたちが自由に遊べるようにしていきました。

子どもたちにとって新鮮な風景が、畳の部屋には障子があったことです。あるとき、3歳児のクラスでミニカーの取り合いが起こり、ミニカーが飛んで行ってそのまま障子を貫

通してしまったことがありました。初めてその光景を見た子どもたちはビックリ仰天。まさか、ただの扉だと思っていた障子が、ミニカーがぶつかっただけで穴が開いてしまうほど、やわらかい紙でできているなんて知らなかったからです。

職員たちは、子どもたちに障子を破いちゃいけないと言いませんでした。どんどん指を入れたり、引っ張ったり、子どもたちみんなが面白がっていました。障子は当然、ものがぶつかれば穴があき、引っ張ればどんどん破れていきます。そこでは否定しません、禁止もしませんでした。

この仮園舎での保育がはじまって、1年後には障子はすっかりお化け屋敷状態になっていました。子どもたちのなかには和室を知らないで育つ子も多いので、こうした畳や障子に肌でふれる経験というのは、きっと得難い体験になったと思いましたし、畳のある空間というのは、想像以上に子どもたちの気持ちをリラックスさせてくれました。

畳と障子がある生活とは、まさに日本の伝統的な暮らしの文化であり、子どもたちがのびのびと過ごせる空間です。1部屋用意した食堂部屋では、ご飯をそれぞれのクラスが順番に食べ、その後は畳の部屋にお布団を敷いてお昼寝をし、起き出したらそのまま畳の上で遊ぶ。それはまるで子どもたちがお家で過ごしているかのような家庭的な雰囲気でした。

「いかにも保育園然とした保育園でなくても、子どもの感性を解放させられる」

「子どもの居場所は子どもが決めていい」

短い間でも、私の保育にとって大事なことに気づかせてくれた、仮園舎生活でした。

「指示・命令・禁止」用語を使わない

「自分が嫌なことをやられたら、やり返してやる！」

そんな引き出しが小さいころから私にはありませんでした。それよりも、「自分はどうしたいの？」といつも素朴に問う自分がいます。

よく、「先生の保育は否定語を使わないんですね」と言われますが、確かにその通りです。障子についてのように、指示・命令・禁止の言葉は使いません。それはなぜかというと、世の中というのは子どもの権利と大人の権利が等しくあるものだという想いがあるからです。

赤ちゃんは、まだ言葉の引き出しはないけれど、だからといって何も表現できないわけではありません。たとえば、泣きたいときには泣くのが赤ちゃん。オムツが濡れれば気持ち悪くて泣きます。自分で出したおしっこなのに、「今、何が起きているの!?」と脳が感じて、嫌がって泣くわけです。排泄と脳は、快不快と連動していて、それをそのまま表現するのが赤ちゃんです。

否定や指示・命令・禁止の言葉を浴びながら育った子どもは、そういう言葉を自分の引き出しに入れて育つことになります。「イヤ」、「ダメ」、「やめなさい」といった言葉を毎日子どもに聞かせていたら、子どもの自己肯定感は育まれません。

0歳～6歳という時期は、人の一生のなかでも、大切な土台を育むための大事な期間です。

「ぼくはぼくのままでいいんだ」
「私は私のままでいいんだ」

という土台となる感覚を、しっかりと届けてあげること。それこそが何より保育には大切なことだと思います。否定語を使わない、「指示・命令・禁止」用語を使わない、というのは、ただ文字通りの意味だけではなく、子ども一人ひとりの大切な命を丸ごと受け入れることです。

幼児に対して、

「丸ごとあなたのままでいいですよ」

という肯定的なメッセージを届けることは、今の保育では当たり前のような理想となっています。でも、

「心の底からそう思っていますか？」

「子どもの『こうしたい』という願いを、きちんと受け止められていますか？」

と問われたら、貫徹できていないことも多いかもしれません。

そういう意味では、盛んに言われる「褒めて育てる保育」も、言葉ありきになってしまっては仕方がないので、注意が必要です。たとえば、

□誰にでも分け隔てなく「かわいい」という保育
□何に対しても「素敵」「素晴らしい」という保育

こうした保育を、言葉尻だけでとらえて、その意味を考えずに使ってしまう怖さがあります。

子どもの気持ちを考えたとき、保育園で「まぁ、素晴らしい」、「あら、素敵」という言

葉が何人もの職員から出て、子どもたちに浴びせていることは、子どもにとってあんまりいい気分ではないはずです。子どもたちは、「何がどのように素晴らしいのか」、「何がどのように素敵なのか」、その「何がどのように」の部分を伝えてほしいと願っています。具体的に言うことで、子どものイメージの助けになったり、自信につながったりします。こんなふうに言葉ありきの保育から脱却し、子どもたちの心に寄り添ってみることが大事になってきます。

「早く」と言わないこともそうです。子どもからすると「早く、早く」と言われると、「今やってるのに！」、「もうイヤッ！」と思うわけです。それなのに、追いたてられるように言われると、嫌になってしまいます。

それなら、「明日の朝、困らないように今から準備しておこうか」、「ママも一緒に点検してあげるから」と手助けしてあげたりするのも有効です。「ときどき忘れ物をするくらい、大丈夫だよ」と、安心の気持ちにさせてあげることも自信となり、成長につながっていきます。

言葉の持つ力を大切にしながらも、言葉だけに縛られない保育。そういう環境づくりについて、まずは自らで深く考えていくことが必要です。

園長になることを勧められて

保育士のキャリア・パスとして、クラス担任になり、次に乳児クラス（0～2歳）や幼児クラス（3～5歳）のクラスリーダーとなり、主任保育士となって、最後には園長になるという道があります。また、園によっては主任保育士の代わりに副園長と呼んだり、そのポストを園長と主任保育士の間に置いているところもあります。

自治体が運営する公立の園の場合、主任保育士になるには数年間の勤務実績と試験の合格が、園長になるにはそこから主任の経験を積んで昇任試験に合格することが必要となります。

昇任試験の受験対象になったころ、「試験を受けて、ゆくゆくは管理職をめざしては？」とクルミ保育園の園長から勧められました。しっかりと次代の保育の世界を担う人材を用意しておかなければという想いが、園長にあったのです。

私にも、園長となって、自分の理想の園をつくりたいという想いがありました。それに、試験を受ける受けないは、個人の自由ではあるものの、保育士が昇進をめざすことに対しての周りの雰囲気に、少し思うところがありました。

それは年齢も保育士歴も自分より上の先輩たちが、

「私は現場が好きだから、昇任試験なんて受けない」

「子どもが本当に好きだから、現場を離れずに生涯現場主義を貫きたい」

としきりに言っていたことです。もちろん、「いつまでも一保育士として現場にいることにこだわる」というのはカッコよく聞こえますし、そういう志望を持つ人もいることは理解していました。

ですが、頑張って昇任試験を受け、管理職になる人が、現場が嫌いかといえば当然そんなわけではありません。どこかその言葉から、

「大切な現場を離れて、そんなに偉くなりたいのか!?」

と言われているような気がして、胸がざわつくことがありました。

私は、もともと「ベテラン」という言葉が苦手で今でも使いません。「ベテランの私が言うことだから」という上に立ったものの言い方に、意味はないと思っておりました。そも

そも、日々が勉強の保育の世界で、ベテランとは何を基準に決まるのだろうかと思います。「現場を大切にする」、「子どものことを想う」という気持ちには、「ベテラン」も新米も管理職も差はありません。

ゆくゆくは園長になりたいという考えを否定されるたびに、だったら、「同じように昇任試験を受けて同じ立場に立ちませんか」といつも心のなかでは思っていました。結局働きながら勉強して、試験に通ることができました。

もしかしたら、今まさに現場で保育士として働いている方のなかに、先輩との関わり方で悩まれている人もいらっしゃるかもしれません。

私にはケンカを買う引き出しはありませんでしたので、保育士の先輩方と言い争いになりそうな場面では、いったんお話をうかがって、丁寧な口調で冷静に話すことを心がけて、意見を返してきました。核として大切なことはすえつつ、引いた冷静な目で観察し、考えることはとても大切です。

また、複眼的に保育の現場を見ていくには、ときには、

「現場から離れたところに身を置いてみませんか？」

　ということを提案していました。

「一歩引いて見ることで、自分たちの悩みなんてありんこほどのちっぽけなものに映りませんか？」

　とオーバーに言ったりします。離れたところに身を置いて、現場を見続けるということは、もっと大きな視点で学び続けるということになります。保育だけでなく、人としてのあり方、世の中の動きや地球全体のこと、どこでエラーを起こしているのか？　といったことまで、すべてが学んで役立つことにつながります。

　一箇所でうずくまって悩むのではなく、なんでも学ぼうとすれば、深い考え、気づきとなっていき、それをまた現場へと持ち帰ることができます。だから、ムダなことは何一つないと、この年齢になって痛いほどわかります。

　ムダと言われていることを、プラスに置き換えて吟味してみると、本当は必要なものだったと気づくことがあるはずです。よく、

「ただ見てるだけじゃなく、観察力を研ぎ澄まして」

　という言い方をしていますが、保育士としても、ものごとをただで見ないようにしたい

と思っています。

4章 保育園は園長によって決まる

主任保育士はパイプ役

園によって、組織運営は変わってきますが、一番上に園長がいて、主任保育士が現場の保育士さんのリーダーとして指導や園長のサポートをしています。若い保育士時代にも、主任や園長になってからも痛感しましたが、園長と主任との連携が、良い保育園の運営には欠かせません。

私が主任になったのは、前述の通りクルミ保育園で昇任試験に合格してから、しばらくしてのことでした。クルミ保育園では、役職としては主任でもないのに、園長の「すぐに主任として活躍できるように」という厚意から、園長と主任とともに、園全体を考えるよう会議などに交ぜていただいておりました。

そして、今度は目黒区内のひもんや保育園に異動することになり、主任として迎え入れられたのです。

ひもんや保育園の園長は、心根の優しい方で、どんなことを相談しても、

「いいんじゃない」

「思う通りにやりなさい」

となんでもやらせてくれました。ただ、それまでと違って「主任」として園に勤めることになったものですから、園長が自分の意見を主張しないことに少なからず物足りなさを感じることもありました。

だから、しばらくの間は何かにつけて園長に、

「そこのところ、園長はどう思いますか？」

とちょっと生意気にも発信し続けました。それでも園長はご自身の考えを述べるというよりも、一般常識的で無難な答えしか返してくれませんでした。園長に相談しても主任に聞いてみてと言われると、職員からも不満の声が聞こえてきます。

けれども、そうした園の状況を見ていくうちに、

「そうか、私はパイプ役なんだ！」

と自分の役割に目覚めました。主任はときには園長の代理としての役割も兼ねながら、日々子どもと接する現場の職員と、園全体を考えなければいけない園長という、距離ができがちな両者をつなげることが求められます。それだけでなく、職員と保護者とのパイプ、保育園と地域とのパイプの役割もあります。

「パイプ役として力を尽くせばいいんだ」

そう思うようになってからは、園長にばかり求め過ぎない、求めるよりも、自分の頭で考え、与えられた役割を果たしていけばいいと気持ちを切り替えることにしました。

それからは、会議が終わってからも、園長も含めたみんなで食事会をして、保育の現状について、園について、子どもたちについて、職員の間で語り合っていきました。そこでは、園長への報告、職員間での連絡、といった畏《かしこ》まった場では出てこないような活発な意見交換が生まれていました。

次に主任として移った園では、正直なところあまり園長との関係性がスムーズにいきませんでした。自分が園長だという強い自負を持ち、押しが強いタイプの方で、職員が自分の意見を言い合えるような環境ではありませんでした。保育園の光景として、それは寂しいものでした。

私もひもんや保育園のときと同じように、園長と職員とのパイプ役になろうと努めたつもりでしたが、職員が主任の私に相談してくるものですから、園長としては面白くなかったのでしょう。職員の意見を吸い上げて園長に報告すると、

「なんでそんなこと言ったの!?」

と返ってくるばかりで、そうなると職員もますます園長に萎縮してしまいます。園長――私――職員の間で少し負の連鎖が起こっていました。

「園長」としての使命

私は保育士として、また主任保育士として、何人かの園長の下で働いてきました。研修の場でもさまざまな園長を見てきました。尊敬すべき園長から保育観を必死に学んで盗んだこともありましたし、「私ならこうするのに」と反面教師にしたこともあります。けれども、一貫して感じていたのは、保育園にとっての園長という立場の大切さです。

いつでも子どもたちと接していられるわけではありませんが、保育の軸となり、要となり、子どもにとって「保育園」が安心できる場所になるかどうかを左右する、とても重要な役割を担っています。私の経験から振り返ると、良い園には必ず良い園長がいますし、その逆もまたあります。

園全体を考えなければならない園長。日々子どもたちとじかに接し、現場での問題点を肌で感じる保育士たち。そこには当然意見の合わないこともありますし、ときには対立することもあります。保育園には保育士だけではなく、調理師や用務職員、看護師、栄養士などがいますし、保護者の方々ともコミュニケーションを取らなければなりません。そんななかで大人同士が感情論だけで言い争ってしまっていては、保育にとって最も肝心なことが忘れ去られていってしまいます。

園内での話し合いが意見の交換ではなく、対立になってしまうようなとき、私がいつでも伝えていたことは、

「今、子どもをどこに置いて考えていますか？　話していますか？」

ということです。保育はいつでも子どもと向き合っていく仕事です。もちろん、子どもと接しているときだけが保育なわけではありませんが、大人が理屈だけでバチバチと闘わせていては、大事な視点が抜け落ちていってしまいます。

「あなたはなんのために保育士をしているのでしょうか？」

――それは、職場の人間関係に悩まないためですか……

――それは、保護者の方に嫌われないようにするためですか……

――それは、自分の意見を押し通すためですか……

私が保育士として大切にしてきたのは、この「目の前の子どもを真ん中にすえた保育」、「子どもを真ん中に置いた話し合い」です。

保育の世界では、話し合いの際に「子どものためになるんだ」、「子どもにとって良いことなんだ」という言葉はよく出てきます。この言葉、いかにも子どものことを第一に考えているようですが、本当にそうなのでしょうか。

そんな「子どものため」という言葉さえも、場合によっては、子どもを上から眺めたような、おこがましい態度につながっていきかねません。誰かが意見を言ったときに、

「それって、子どもにとってどうなの!?」
「そんなことしたら、子どものためにならない！」
「〇〇クラスのチームワークが悪くて、子どものためになってないんだけど、どういうこと!?」

と、そんなふうにピシャリと言われてしまえば、言われた相手はどうしても厳しい言葉を受けたと構えてしまいます。言い方、伝え方も、とても大切です。

私はそんなときに、

「私はこういうとき、こう思うけれど、あなたはどう思いますか?」

という言い方を選ぶようにしてきました。

本当に子どものことを考えていつも行動している人は、あえて子どものためにとは言わない気がします。「子どものため」という言葉は、それ自体は悪くなくても、保育現場においてはマヒして使われてしまっている「用語」のようなものの一つかもしれません。

「子どものため」という正義を振りかざして、子どもの視点から外れた意見のぶつけ合いをするのではなく、真に「子どもを真ん中に置いて」みんなが考え、意見を交換した方が、よっぽど良い保育につながると思います。

子どもを上から見るでも下から見るでもなく、同じ目線に立ってみる。子どもに起こった具体的な場面を取り上げて相談していく。そのうえで、お互いに心を開いて知恵を絞り、意見を出し合っていく。園長になる前も、なってからも、そんな方向の保育をめざしていました。

めざせ！「実家のような保育園」

また次の園に異動したときになって、初めて園長という役をいただきました。ここでついに自分が考えたビジョンを掲げ、保育園を運営する生活がスタートしました。めざしたのは「実家のような保育園」でした。

実家と聞いてどんなイメージを持つでしょうか。実際に新学期に保護者の方に問いかけてみると、返ってくるのが、子どもが「ほっとする場所」、「安心できる場所」、「くつろげる場所」、「わがままが出せる場所」という言葉です。

私がビジョンにすえた保育園もそんな場所です。「実家のような保育園」の発想の原点は、仮園舎時代の子どもたちののびのびとした姿に、思い切り保育観を変えられたことと、私自身の実家での体験からでしょうか。

お正月に親戚一同みんなが会するように、お兄さんお姉さんがいたり、年下の弟・妹がいたりする、自分とは違う子との交流は保育にとってすごく大事です。実際に、3歳の子が1歳の泣き声を聞いて気にしたら、となりのクラスまで先生と一緒にお邪魔するようなこともしていました。

「どなたでもどうぞ」と、窓を全開にしたような保育園は、子どもたちが解放されて、たくさんのことを吸収できる世界です。そこでは、すべての子どもがいろいろな子どもの憧れやモデルになっているのです。

若手の保育士だったころから、自分が園長になったら、どんな園にしたいだろう、どうするんだろうと思っていました。そこから見えてきたのが、自分が育った家、実家でした。子どもたちが「ただいま」と帰ってくる先はいつも自分の家です。子どもたちが楽しそうに遊んでいて、お母さんがつくるご飯を待っていたり、お風呂に一緒に入ったり、いつまでもキャッキャとおしゃべりしながら眠りにつく。そんな子どもたちの生活がある実家のような保育園をつくるのが、園長としての大事な仕事になりました。

「めざせ実家のような保育園」と明確にビジョンを掲げたのには、理由があります。一人ひとりの子どもたちの育ちにしっかりと向き合っていくためには、保育士の頑張りだけではなく、保護者と連携し、保育士と保護者の両輪が回っていなければなりません。私がわかりやすいビジョンを示すことは、保護者、職員、すべてに伝わる理念となって育ってい

きます。だからこそ最初に必ず、

「みなさん、力を貸してね」

とお願いしてきました。

保育園の運営について、難しい言葉で説明するよりも、

「実家みたいな自由で安心な居場所をめざします」

と伝えた方が、みんなが心を開いてくれます。そのうえで、

「真ん中にはいつも、大切なお坊ちゃま、お嬢ちゃまがいらっしゃるんですよ」

と責任を持って子どもたちを受け止めることを伝えるのです。

「冷蔵庫のような保育士」という苦情

長い主任時代を経て、やっと園長として思うような保育園の運営ができると思っていた矢先、一つの苦情が入りました。あるお母様から、

「この保育園には冷蔵庫のような冷たい人間がいます。夫ともそう話しているんです」

との相談があったのです。

その「冷蔵庫のような」と言われた保育士さんは、実際は保育力もあって非常に勉強熱心な方でした。ただ、どうしても指導者としての目線に立ちがちで、表情が硬くなりがちではありました。

だから、よかれと思っての彼女の発言が、その方には責められた感じがしてしまうようなのです。自分の気持ちを受け止めてもくれないのに、あーしろ、こーしろと指導ばっかりされると感じてしまい、冷蔵庫のように冷たいという表現になったのだと思います。

着任当初の園は、職員間が二つに割れている組織になっていました。園長派なんて派閥があったりする保育園、今では少なくなりましたが昔はそういった園もあったのです。そんな事態を見て、着任早々、

「私の出番だ」

と思いました。

一人ひとりが何を考えているのかを知るためにも、園長に着任してからは以前の保育園のときのように、みんなで食事でもして帰ろうと誘うようにしました。園長によっては、本当にビジネスライクに徹して私的には付き合わないようにしている方もいますが、私は逆。アフターファイブのお付き合いで、一人ひとりの気持ちを把握し、職員間の壁をくずして

いきました。

保護者の方も、園長が交代すると、待ってましたとばかりに新米園長にこれまでの不満を訴えてくるものです。私が着任してから異動するまでの間に、保育士と保護者の関係をほぐしながらつなげていく役目を果たし、だんだん理解していただけるようになりました。


この園にいた期間は短く、園長として果たした仕事は職員同士の壁、職員と保護者の壁を取り払って、つながりを強めていくことにつきました。それでも、保育士を冷蔵庫と呼んだ保護者の方と話した際に、

「保育士の悪いところを見るだけじゃなくて、その保育士の良いところを探していただけますか？」

と伝えていくと、最後には、

「今だったら、そういう気持ちになれます。もう冷蔵庫とは言いません。良い先生だとわかりました」

と言っていただけました。そういう接遇ができて、自分でもほっとしていました。

大声が飛び交っていた「ひもんや保育園」

それからは、私は保育士生活を終えるまで「ひもんや保育園」で園長をしました。かつて主任として働いていた園ではありましたが、赴任当初の雰囲気はその当時とは少し変わっておりました。

ひもんや保育園の園庭は、緑が多くて、鉄棒やブランコ、ジャングルジムがあるぐらいで特定遊具がほとんどない環境でした。

するといつも聞こえてきたのが、

「先生、今日は何をやるの～？」

「これから何すればいいの～？」

という子どもたちの声。それに対して保育士が大声で答えているという光景がありました。

何もない園庭で、大人に指定されたことをして遊んでいると、子どもたちはすぐに飽きてしまい、

とより大声を出すのです。

「もうやだ、つまんな〜い！」

「だって、先生が勝手に決めるんだから!!」

と騒ぎ出してしまいます。そうすると、それに応じて保育士がまた、騒ぐのを止めようとより大声を出すのです。

「指示・命令・禁止」用語を使わないという話をしましたが、主体的、能動的な子どもに育ってほしいという願いがあるのに、

「あれをやりなさい！」

「これはやっちゃダメよ！」

そんな「指示・命令・禁止」の言葉の渦の中に子どもを置いてしまうと、主体性なんて育まれるわけがありません。それに、子どもと大人という関係から視点を変えて、自分が子どもの目線に立って考えてみたら、指示・命令・禁止をされたときの気持ちはどんなでしょう？

きっと騒ぎ出す子どもとまったく同じように「イヤだ！」と素直に思うはずです。

たとえば、子どもが危ないことをするからといって大声を出して止めようとすることは、

有資格者じゃなくてもできます。保育のプロだったら、

「怖かったね」

と優しく伝えることはできないでしょうか。子どもを動かすんじゃなくて、自分から出向いて行って、いざというときには助けられる立ち位置についておくこと。遠くにいて大声を張り上げるだけでなんとかしようとするなら、それは手抜きの保育です。自分たちが今、どんな保育をしているのか、客観的に見ていくことが必要なのです。

子どもたちは、一生懸命生きている丸ごとをかじって栄養にしています。だんだん成長とともに、主体性も育まれていき、言いなりになりたくないから、小さな反抗期から本当の反抗の芽を出し、やがて大人になっていきます。

「気をつけてね。危ないことをしないでね」

と言うよりも、

「大丈夫？」

とそばに行ってあげてほしい。子どもも、心配そうにしながらそう言われると、

「何がだろう？」

と不思議に思いながら、だんだんと大丈夫にしなきゃいけないのかなと考えるようにな

ります。そしてそれは、「気をつけなさい」という意味なのだというところまでも、読み取れるようになります。

そんな段階を踏むことで、何も大声を張り上げなくても子どもの行動を自然にコントロールできるようになります。これは保育士だけでなく世の中の大人たちすべてに対して伝えたいことです。

「危ないから、やめなさい！」

「面倒なことをしないで、これだけやっていなさい！」

なんて言葉じゃなくて、

「大丈夫やってごらん」

「ほら大丈夫だったね」

と伝える。そういう保育をめざしていきたいと願ってきました。

何も体験していないのに、「それはダメ」と言って初めからその機会すらも奪ってしまえば、「ぼく／私は何も体験していないのに～」と子どもは満たされない想いを抱えることになります。どの程度やるとヒヤッとするのか、ハッとするのか、まずはやらせてあげることと。危なかったら子どものすぐそばに行って、見守ってあげてほしいと思います。見守るというのは、ただじっと見ることとは違います。それではただの監視の目です。そうではなくて、大丈夫だからやってごらん、という気持ちでいつもそばで見守る保育をすることが大切なのです。

近隣の方のつらい我慢

保育士が大声を出す保育が当たり前になっていた園。その園長に着任したとき、園を取り囲む360度のお宅にご挨拶に行きました。それは、近隣住民の方にも園児たちを見守っていてほしいという想いからです。そこで、思いもよらないお話をうかがいました。

園庭のすぐそばにあったお宅のおばあさんのところに行くと、

「保育園からの声がうるさいを飛び越えて、やかましい。4年間、騒音に縛られてきたんです」

と打ち明けられたのです。そのお宅は2世帯住宅で、帰国子女の孫たちが戻ってきたのでやっと一緒に住めると楽しみにしていたのに、園庭側に窓があり、保育園からの声が入ってきて、テレビのボリュームを上げても音が聴こえない。だから窓も開けられないと言うのです。

この話をさっそく職員会議に持ち帰り、職員たちに話しかけました。

「みんなでおばあさんの気持ちになってみませんか」

と。みんなに3分間、目を閉じてもらい、

「おばあさんがお向かいの3階に住んでいます。自分たちの心持ちをそこに置いてみましょう。真剣に受け止めてください。どんな気持ちですか？」

と問いかけました。

「大きな声というのは地下鉄の音に匹敵する音です。そんな大声の谷間に子どもを置かないようにしましょう」

と話しました。

そこで感じたおばあさんのつらい気持ちを受け止めて、気持ちをすり合わせて、声を張り上げない保育に取り組みました。できることから、一つずつ変えていきました。

その結果、見事に騒音は減っていきました。それは子どもの笑い声や騒ぎ声がなくなったからではありません。保育士たちが否定語を使わない保育を実践してくれたからです。保育士たちが、子どもを自分の思いどおりに動かすのではなく、自分自身の保育を変えようとしたことで、子どもが変わったかのように映っただけなのです。

「子どもの力を信じて向き合ってみませんか?」

と伝えてきました。もちろんそれまでも信じていないわけではなかったと思いますが、

「でも本気で信じていますか?」

と踏み込んで尋ねると、

「そうですね。『どうせ無理だろう』という気持ちはあったかもしれません」

と素直な振り返りも見せてくれました。

保育園の中へご招待

子どもたちを大声で止めようとしていた保育をおばあさんは、何年も聞いてきたわけです。園庭の声だけでなく、赤ちゃんが泣くと保育士はテラスに出てあやしています。

一般的なお宅なら、赤ちゃんが泣くのは一時的なこと。だんだん成長して泣かなくなりますが、保育園では毎年、同じ時期、同じように赤ちゃんがやってきます。私がおばあさ

んの立場でも、泣き声を日々聞いてつらくなってしまうのは当然だと思いました。

ましてや、保育園の中がどうなっているか知らなければ、

「嫌がらせのように、なぜかわざわざテラスに出て、泣き声を聞かせてくる」

と感じて、なおさらにつらさが増してしまっていたようです。

そこで、園で餅つき大会をしたときに、そのお宅のおじいさん、おばあさんをご招待することにしました。お二人にはテラスにパイプイスを並べた特等席に座ってもらって、その様子を見ていただきました。セイロで蒸したお米を保育士がついて、最後には私がついて、年長と年中の子どもたちが丸めてお餅をつくっていきます。それを子どもたちが、

「今日はありがとうございました。ぼくがつくったお餅です。どうぞ召し上がれ」

と運びます。するとお二人は、感激されたようで、

「あら、まぁ！　ありがとう。あなたたちすごいわね」

「あなたたち、ひもんや保育園にいられて幸せよ」

と言ってくださいました。私がお餅をついていたときも「そ〜れ、そ〜れ」と掛け声をかけてくださっていました。

そんなとき、ふと「どうしてテラスに出て、泣かせるの!?」と以前おっしゃっていた言

葉を思い出し、「よろしかったら、保育園の中を全部ご案内させていただきたいのですが、いかがですか？」とお誘いしました。お二人は快諾されて、一つひとつの場所を全部見ていただきました。

実は、テラスに出るのにも理由があり、赤ちゃんがお昼の間に、泣いた子を泣いたままにさせてしまうと、他の子たちを起こして次々と泣き出させてしまうからなのです。だから、落ち着いてあやすためにテラスに出ていたのです。

「そうとは知らなかった」と納得していただけて、最後に、

「うちの孫はひもんや保育園に入れなかったけれど、ひ孫ができたら、入れてもらえますか？」

とおっしゃいました。もう、これ以上の言葉はないとうれしく受け止めました。

内側から見る風景と外側から見る風景は違います。今、保育園の建設に近隣から難色が出たり、防音壁を設置するように求めたり、「地域に根づく」ということが難しくなってきているかもしれません。それでも、誠意を持って向き合っていくと、理解し合えること、心理的に気にならなくなることも増えていくんだと、学ばせていただきました。

いつでも誰でもウェルカムで、どんどん開示していく。もっと早く保育園を訪ねてきて

くれて、心をすり合わせていたら、どんなによかっただろうと思いました。

裏庭に畑と田んぼを

ひもんや保育園には、主任でいた時代から、裏庭に畑がありました。それは、畝《うね》が5、6本ある程度の小さなもので、裏庭の3分の1のスペースしか使っていませんでした。主任だったころは気にしていなかったのですが、園長になってから見ると、スペースを遊ばせておくのは、もったいないのではないかという気持ちになってきました。

そこで、職員たちに「土起こしをして、畑にしていきませんか？」と提案して、掘り起こしからはじめることになりました。掘ってみたら、プラスチックの破片やら鉄の塊やら、ザクザクとゴミが出てきます。ゴミで減った分、用土を入れていきました。そして、畑としての土ができてから、「食育プロジェクト・チーム」を立ち上げました。

どのようにして、食卓に野菜は出てきているのか、どうやって野菜は育っているのか、子どもたちに学びを与えられる良い機会だと思ったのです。年長さんのクラスだけではなく、すべてのクラスで、担任と子どもで相談しながら、畑づくりに関わっていくことにしていきました。種を発注し、指でしっかりと植え、水をやり、というプロセスを味わってもらうのです。

もちろん、4歳児と5歳児だけでも各クラス30人近くの園児がいましたから、一斉にみんなで畑づくりをするわけにはいきません。5、6人のグループをつくって、少しずつ育てていきました。水やりも、子どもたちが畑当番を決めてやっていました。その際、子どもたちには、

「ノドが渇いてお水がなかったら、どうなっちゃう？」

「病気になっちゃう ー」

「病気になっちゃったのに、放って置かれたら、どうなっちゃう？」

「死んじゃう!!」

「じゃあ、畑の野菜たちはどう？」

と担任と話し合いをしてもらって、ノルマになるのではなく、子どもたちが「水やり」がどんなに生命にとって大切かを理解してもらえるようにしていました。

だから、ぼくは私は「今日、畑の当番なんだ」とわかって登園して、ちゃんと朝水やりをやってくれていました。

畑づくりが進んでから、今度は年長の担任の男性保育士さんから、「田んぼづくりも子どもたちに体験させてあげたい」と提案がありました。やるとなれば、1年だけというわけにはいきませんので、来年・再来年になっても、担任が替わっても、続けられるのか、職員会議でみんなでよくよく話し合って、「やろう」と決めました。

畑のとなりに、土を掘ってブルーシートを敷き、木枠で囲み、水抜きができるようにホースを入れました。その後、子どもたちと横に並んで、苗を植えていきました。

シルバー人材センターが園の近くにあり、そこからおじいさんたちが、園庭の木々の剪《せん》定《てい》をしにボランティアで来てくださっていました。その方々が、田んぼを見たときに、「すごいな～！」と驚かれて、「そろそろここを摘まないと、育たないよ」といったアドバイスをくださったのです。「入れるといいよ」と飼われていたメダカもいただきました。

近隣の小学校では、プールでヤゴを飼われていたのですが、子どもたちを連れて、「分けてください」とお願いにうかがいました。ヤゴは田んぼにとって、稲を食べてしまう害虫を食べてくれる、益虫になります。子どもたちは、「ヤゴってなんだ？」というところから図鑑などで調べていました。そのヤゴはギンヤンマの幼虫だったのですが、孵《ふ》化《か》するのは早朝なので、なかなか子どもたちには見えないのです。孵化するところを見たくて、ずーっと田んぼにいる子もいて、「まだいるんですか？」と聞くと、

「うん、今日こそ絶対に見たい！」

と目を輝かせていました。


できた野菜や稲は、収穫して、脱穀して、料理して、ご飯として子どもたちみんなで食べました。1年間自分たちでつくったものを、自分たちで食べるという経験は、一時の体験学習で得られるものとは違います。嫌いだった野菜でもおいしそうに食べている子どもの顔がありました。

この経験を通して、子どもたちが、

「ムダなものは一切ないんだ」

「なんでも、愛情を持って育てられたから立派に育つんだ」

ということにいつか気づくための、きっかけや想い出になったらと願っています。


この畑づくりと田んぼづくりは、保育士職員だけでなく、用務職員の尽力や、近隣の方々

の協力がなければ、できませんでした。今、少子高齢化が進んでいく時代を迎えていますが、人生を先に生きてきた人たちの豊かな体験を、一つでも二つでも子どもたちに伝えていってほしいと思っています。

それも、「今日は高齢者と子どもが交流する日」と、いかにもお膳立てされたような関わり方ではなくて、せっかく周りには経験豊かな人たちがいるのですから、保育園の側から、「助けてください」、「協力してください」、「教えてください」と発信する。そうすると、「こういうことならできるよ」と応えてくださる人がいらっしゃいます。

そういったなかで、子どもたちの成長を見守ってくださる人が増えていくのが、本当の意味での「子育て支援」だと思いませんか。

園長になっても「仕掛けていく保育」を

園長になると現場を離れるというような話を3章でしましたが、園長になったら子どもと関われなくなるというわけではありません。私は園長になってからも、「仕掛ける保育」を提案してきました。

もともとパターン化した保育がたえられない人間で、このコースからは絶対にはずせないといった保育を良しと思っていませんでした。そこに長く居座れば居座るほど、当たり前の感覚になってしまい、保育士の感度も下がっていくことになります。

その状況に陥ってしまうと、保育のあり方に対して「これでいいのかな」とは誰も疑いをかけなくなり、「これでいいんだ」と見切り発車になってしまい、いつしかおざなりの保育になってしまいます。感度のいい保育士は、仕事をマニュアル化するという方向ではなく、子どもを一人の人間として受け止めながら、その人間を面白がる人だと思います。だから、仕掛けていく保育を実践していったのです。

仕掛ける保育、というのは、子どもの興味を引き出す、きっかけづくりです。私は「仕掛け」と言っていますが、仕掛けたことを面白がって、気づくと逆に子どもたちに仕掛け返されたりもするわけです。

子どもの関心を察して、仕掛けて、その反応を面白がって踏まえたうえで、また仕掛けて。すると、どんどん反応が変わっていく、思いもよらない成長が見られます。保育はそんな魅力的な一面のある仕事なはずです。

仕掛ける保育1　お手紙ポスト

「仕掛ける保育」の一つが、5歳児のクラスに仕掛けたお手紙ポストと返信ポエムでした。

子どもたちは文字を書きはじめるようになると、だんだん手紙を書きたくなります。

あるとき、子どもたちが書いた手紙がたまっている風景を目にしました。ちょっとこのまま置き去りにしてしまうのは、寂しいなと思い、クラス担任に相談してポストをつくることにしたのです。それも、子どもたちと一緒につくるのではなくて、子どもの意欲をかきたて、引き上げていくため、

「子どもたちが知らない間にポストを仕掛けませんか？」

と提案しました。

実際に保育室にポストを仕掛けてみると、子どもたちが一斉に、

「誰がつくったの？」

「いつからあった？」

と盛り上がります。ただ、いつまでも手紙を入れっぱなしにしてもいけないので、言い

出しっぺの私が「ポエム」と称して返事を書くことにしました。
自分の字で書くと保護者の方にわかってしまうので、当時はワープロで文字を打って手紙をつくっていました。保護者や子どもたちに気づかれないように、職員室の隅で隠れて書いたり、みんなが帰ったあとに返事を書いたりして、ポストに入れていました。
子どもが、
『おじいちゃんが　びょうきになって　にゅーいんしました
はやくげんきになって　ほしいです』
と手紙を書いてきたら、
『そのきもちは　きっとおじいちゃまに
とどいていますよ。　おだいじに　　ポエム』
と返事を添えていました。
すると、その返事の手紙を取り合いする風景が見られたので、どうしようかと思っていましたが、そんなときにも子どもたちから、
「そうだ！　ポストを開ける係を決めればいいんだ！」
という話になり、当番だけが開けることに。

自分に返事が届いた子どもが、

「ポエムさんからお返事がきた〜!!」

とニコニコしながら読んでいる様子を見ながら、ふと、

「じゃあ、前に出て、お返事のお手紙を紹介してくれますか？」

とお願いしてみると、

「は〜い！」

と喜んで読んでくれます。それだけ言葉とふれあうことになるのです。手紙を書いて、返信を読んでいくうちに、子どもたちはいろいろなことに気づいていきました。

「手紙ってさぁ、封筒に入っているよね」

「なんか切手を貼るよね」

「郵便番号もあるよね」

と子どもの世界の手紙が、本物の手紙にどんどん近づいていきました。そういった手紙遊びが文字にふれあうきっかけになり、成長につながります。

子どもたちの「手紙を書きたい」という想いをくみ取り受け止めていくだけで、とても豊かな言葉の世界が広がっていきました。

仕掛ける保育2　「かっぱおやじ」は本当にいるの？

もう一つ、「かっぱおやじ」にまつわる仕掛ける保育もしました。「かっぱおやじ」というのは、豊島区の保育士三人が、保育園での探検遊びの経験をもとにつくった『でた！かっぱおやじ』という絵本のキャラクターのこと。こっそりと保育園に隠れている「かっぱおやじ」が、子どもたちと遊びたくて、イタズラをしていくというお話です。この絵本づくりの過程では、私も少し関わる機会をいただきました。

このかっぱおやじワールドは、すごく面白くて、いつの時代の子どもたちも大好きです。子どもたちにとっては、

「かっぱおやじって、本当にいるの？　いないの？」

「よくわかんないけど面白いね！」

という不思議で魅力的な存在です。子どもたちが絵本を夢中になって何度も読みふける様子を見て、職員と一緒になって、「かっぱおやじワールド」を仕掛けていくことにしまし

た。

子どもたちの誕生日には、好きな食べ物を出して、「お誕生日おめでとう」と祝うお決まりのやり方ではなく、「かっぱおやじ」で仕掛けたいと職員間で話していました。

年長さんが公園を散歩するタイミングを見計らって、大きな木にかっぱおやじの手紙を仕掛けておいたのです。あんまり早くつけると、どこかへ行ってしまうかもしれないので、担任の保育士とも連携を取り合って、そろそろ子どもたちがその場にさしかかる、というちょっと前に用務職員に、

「今から手紙をお願いしてもいいですか？」

と頼んで、手紙を置いて離れたところから見守ってもらっていました。連絡を受けた保育士たちも、その木がある方をわざと回って帰るように打ち合わせています。

すると、子どもたちが、

「あれ、何？」

「なんか貼ってあるよ？」

と気づきはじめます。保育士たちはとぼけながら、「なんだろうね？　取ってみようか」と拾ってみると、

『○○ちゃん　おたんじょうびおめでとう　かっぱおやじ』

と、書いてあるわけです。子どもたちはワーッと喜んで、飛び跳ねてその勢いのまま帰ってきました。みんなで私のところにかけてきて、

「園長先生、今日ね～」

と興奮しながら話してくれました。仕掛けたのは私でしたが、グッとこらえて普通の顔に戻してから、

「えっ！　そうなの？　かっぱおやじ出たの!?」

と子どもたちの話を聞きます。子どもたちのなかには、「ぼくの誕生日のときも、かっぱおやじの手紙がよかったな」と話している子どももいて、「それは残念でしたね。これからかっぱおやじにお願いしてみましょうか」と言っていました。

かっぱおやじの手紙は私が書いていましたが、何しろかっぱおやじですから、決してきれいな手紙ではないわけです。障子紙に左手で筆書きしたり、墨をポトンと落としたりしたものをぐしゃぐしゃにして、それをピッと広げて折って、手紙にしていました。だから、それを受け取った子どもたちは、「かっぱおやじの手紙だ！」と本当に信じてくれるわけです。仕掛ける方も面白がりながら、本気でやっていました。

あるときは、子どもと保育士の数の分だけ、かっぱえびせんの小さな袋を用意し、黄緑色のゴミ袋の中に入れました。そのときも用務職員に先回りして、仕掛けてもらいました。子どもたちが散歩する公園には池があって、そこに石を投げると波打ちます。その様子を見て子どもたちは、

「波だよ、波。見て見て！　あそこにかっぱおやじの頭が映っているみたい」

「ここにかっぱおやじが住んでるかもしれないよ」

という話になり、大人も仕掛けていきます。

「もしかして池にある岩の近くにかっぱおやじがいるかもしれないから、探しに行こう！」

と誘導します。

行った先に手紙が置いてあります。

『ようこそ　ひもんやこうえんに

このさきに　なにかがあるよ

かっぱおやじ』

と手紙を見つけると、子どもたちは、

「やっぱりいたじゃん」

「探しに行こう！」

となります。そこにあったのが黄緑色のゴミ袋。そこにも手紙が書いてあり、

『きみたちに　かっぱえびせんを　あげます　たべな　　　かっぱおやじ』

とあり、子どもたちも大喜びでした。そんなことを面白がって仕掛けてみると、それに賛同してくれた調理現場の職員も、スイートポテトをかっぱの形にしてくれて、かっぱの大好物であるキュウリのスティックを添えておやつに出してくれたりもしました。

こういった仕掛けは、職員間の連携がないとできません。とにかく中心にいるのは子どもたちで、その反応を楽しみに、

「次はどうしましょうか⁉」

とあれこれ考えている具合で、園全体一丸となって仕掛けていました。

仕掛ける保育3　「かっぱおやじ」はやっぱりいた⁉

大雨が降って天井から水もれがあったときのことです。すぐに業者さんに直してもらったのですが、原因がわかって天井を閉じるときにピンときてしまいます。

「すみません、この板を1枚だけ開けておいてもらえますか？」

とお願いして、また仕掛けることにするのです。用務職員に話して、

「あとはあなたのイメージに任せます」

とお願いし、かっぱおやじの世界をつくってもらいました。かっぱおやじの足跡の型をつくって墨をつけ、廊下の壁などにハンコのように押していきます。足跡が外へと消えていくようにしたり、男児のトイレの壁にぼんやりとつけておいたりして、

「なんだろう？」

「なんかあっちにある？」

とたどって行くと、廊下に出て、ホールにつながっているわけです。ホールはお昼寝の場所になっています。子どもたちが寝るときに天井を見上げると、足跡があったり、1枚だけ板が開いていたりして、そこから出入りしているのかなと思わせるかっぱおやじの世界がつくり上げられました。天井の板を開けておいた数日は、園全体がかっぱおやじワールドで子どもも職員も大騒ぎ。気づけばいつのまにか天井が閉じられている、そんなストーリーをみんなで楽しむことができました。

また、遠足で記念公園に行ったときにも仕掛けました。そのころになると、子どもたちもかっぱおやじワールドにいる住人になっていたので、ある男の子はキュウリのスティックをタッパーに入れて持ってきました。それは、遠足で持って行くお弁当を、行った先で散策をしている間に、かっぱおやじに食べられないようにするため。お母さんに頼んで、お弁当の他にかっぱおやじが大好きなキュウリを持ってきたと言うのです。移動のバスの中でも、

「見て見て、ぼくはかっぱおやじのためにキュウリを持ってきてあげたんだ」

と話し、現地に到着すると、

「お願いだから、ぼくのお弁当を食べないで。このキュウリを置いて行くからッ！」

と言ってから遊びはじめました。

そこでも用務職員が大活躍してくれます。キュウリをガリッとかじって、食べ残したものを置いたままにしてもらいました。すると戻ってきた子どもたちが、

「かじられてる!!　本当にかっぱおやじいるよ！」

と興奮してみんなに知らせる表情は、もう本当にかわいさと面白さとで、至福の瞬間でした。帰りには、

「きっと、かっぱおやじがまだこの辺にいるはずだから……」

と、持ってきたキュウリを遠くの森の方へ投げながら、

「かっぱおやじ、キュウリだよ」

と、全部置いて行きました。

マニュアル化しない保育を

長年、保育の現場にいると、行事を主にした保育が行われがちで、子どもが願っていることならまだしも、願っていないことまで次から次へと課題、課題と追われてしまう環境になるのは、息苦しいと感じます。特に今の保育園では、あれをやって、これをやってとその対応に追われる状況で、保育士が疲弊してしまうようなところがあります。

行事ももちろん、大事なことではありますが、「やらなければいけない」ではなく、仕掛けていく。そうした保育のあり方を、大切にして実践していくステージに立たされていると思いませんか？

保育士が何かを仕掛けると、子どもたちが気づいて面白がる。反応を見て、さらに仕掛

け人になる。それが子どもも心を動かす大切なことだと感じてもらえたら幸せです。まずは、パターン化した保育に疑問を持ち、気づくこと。何が大切なのか、何が問題なのかに気づくことは、保育力のアップにつながると思います。

いつか子どもたちが大きくなるにつれて、ポエムやかっぱおやじは、

「どうせ先生だったんでしょ」

と目覚める日が来るでしょう。それでも、そんなときが来る前に、

「あれは先生たちがやっていたんだよ」

と夢を壊すようなことは言わないでほしいと、保護者の方にもお願いしていました。また違う子どもたちが入園してきて、かっぱおやじの世界に新鮮な気持ちでふれていく。そのためにもご協力をいただくようにしていました。結果的には、保護者の方を巻きこんで子どもたちが面白がる世界を一緒に共有・共感してきたエピソードでもありました。

震災と「大丈夫」という言葉

保育の仕事は、当然ながら子どもの命を預かる仕事です。この仕事をしたいという学生か

らも、子どもたちがケガをしたりしたらどうしようと、心配する声もよく聞かれます。もちろん、実際の保育の現場でも、心配する声は聞かれます。

「子どもを自由に遊ばせて、ケガをしてしまったら……」

「小さなケガでも、保護者の方を怒らせてしまったら……」

そんな不安に対しては、

「すべての責任は園長が取ります」

と園長が言い切れるかどうかだと思います。そこですべてが大きく変わってきます。

「あなたのせいで……」とは責めない人。人の責任にするのではなく、助けてくれる、支えてくれる、励ましてくれる。保護者ともしっかり信頼関係を築けている。こんなふうに信用できる園長なら、萎縮せずに保育ができるようになります。


私が園長として職員から信頼されていた、きちんと覚悟が伝わっていたと感じたのは、東日本大震災のときでした。この未曾有の大地震のとき、保育園には百人以上もの子どもたちがいました。建物全体が大きく揺れ、そのことに驚くとともに、多くの子どもたちの命が私の肩にのしかかるような感覚を覚えました。すぐさま私は園の放送を通して、

「先生のそばを絶対に離れないでね。地震は必ずおさまりますから」

と話しました。2、3回そう言ったあと、これじゃ子どもたちに伝わらないなと気づいて今度は、

「大丈夫ですよ。地震はちゃんと止まります」

「大丈夫だから。大丈夫だからね」

と何度も「大丈夫」という言葉を連呼しました。

園長室にいましたので、園児たちの様子はわかりませんでした。後日聞いた話では、私の「大丈夫」という言葉が子どもたちにもストンと落ちたみたいで、安心してくれたようです。

子どもたちは誰一人泣きもしませんでした。はじめは、あまりに驚いて目が点になる、そんな様子だったようです。職員はみんな迅速に防災頭巾やヘルメットをかぶり、かぶせ、子どもたちも怖かったでしょうが、きちんと騒がずに保育士のそばを離れませんでした。

その後、クラスの担任たちから、

「園長先生の大丈夫という言葉を自分に落とし込んで、それから子どもたちに『どんなことがあっても先生が守るよ』と言い続けながら、『大丈夫よ。ほら園長先生も言ってるで

しょ』ということだけを繰り返し添えてました。『大丈夫、大丈夫』とその言葉だけで、どれだけあの地震で不安になりながら、子どもたちを守れたか、大きな体験を乗り越えることができたか……」

とそのときの話を聞かせてくれました。

私の「大丈夫」という一言が、きちんと職員たちに伝わって、子どもたちを守る力になった。それは毎日一緒に仕事をするなかで、私と職員との間で確かな信頼関係ができていたからだと、そう思いました。

保育園でも、ご家庭でも、子どもたちを育成するのに、さまざまな不安や心配はあるものです。それでも、子どもたちには「大丈夫」という、その言葉しかいらないのかもしれません。何があったとしても大丈夫と言って気持ちをラクにしてあげることが子どもの勇気を引き出し、安心させてあげることにつながるのだと思います。

それだけの覚悟を園長が持ち、職員にその気持ちを持ってもらえれば、子どもたちの命を預かるという重責にも、怯まない保育ができるはずです。

卒園までに言葉を拾って

私は2014年の3月で38年間の保育士生活に幕を下ろしました。ついに園長を辞めるというときも、それまで回遊魚のように泳ぎ続けてきたので、退職の日を考えることもなく過ごしていました。そんなときに、保護者の方から言われたことがあります。

「園長先生、退職するんですよね？」

そう言われて、ぼんやりと聞きながら、「退職」という言葉を素直に受け止められず、

「あら、私は卒業するんですね」

と、とぼけて答えました。すると、

「もう、園長先生ったら、あと半年しかないんですからね！」

と念を押され、ハッとしました。瞬間的にスイッチが入ったような感覚です。

あと半年で、現場の子どもたちとはお別れなんだ。40年近く続けてきた「保育士」という立場で子どもと接することはもうないんだ。急にその事実が身に迫ってきたのです。毎年、年長さんたちは卒園していくとはいえ、私が保育園にいると、子どもが会いに来てくれる

こともありますし、新たな子どもたちとの出会いもあります。それも、私が「保育園」という場から離れると、そんな今までの風景とはまったく違う世界になります。

私はよく詩をつくっていました。園児たちの日々の営みやつぶやきを拾って、それを詩にしてきました。だから、これまで毎日毎日会えていた子どもたちの言葉を拾えなくなると思ったら、名残惜しいような気持ちで焦りも出てきてしまったのです。

それからの毎日は、1日に詩を4～5篇ずつつくっていました。つくるとすぐに親交のある出版社の編集者さんとシンガーソングライターのたかはしべんさんに送るのが日課となりました。どんどん書いては送るを繰り返していました。

ある日、たかはしさんから連絡があって、

「井上さん、詩が100篇にもなっているよ」

と教えてくれるほどでした。退職までの半年で300篇ほどの詩ができていました。ただ、これは私が書いたものではなくて、子どもたちが書かせてくれたもの。本当に子どもたちというのは、才能豊かです。そのつぶやきを拾って、並べていっただけで詩になってしまうのです。この経験を通して、改めて子どものつぶやきは、なんて素晴らしいのだろうと気づかされました。

保育課の部長や課長からも、

「目黒の後輩たちの育成のためにぜひ残ってほしい」

と言われていたのですが、私は残るとも残らないとも言わずに、

「ただ今、工事中です」

とそらしていました。ただ、半年前には必ず進退について決めなくてはならないので、園長としての「卒園」を決めました。

園長の卒園式

幼稚園には幼稚園の違った雰囲気があると思うのですが、保育園は0歳から6歳までの子どもを保育しています。産休明けで預かるような小さなころから、就学前まで、子どもたちと関わらせてもらっていると、わが子でなくてもすごく情が移っていきます。卒園式のときに、担任の先生は卒園証書授与で最初の子どもの名前を呼ぶときから、ワーッと涙

がこみあげてくるようなことがあって、「泣いてはダメよ」と話すこともありました。

今度は、私も卒業するステージに立たされました。卒園証書を読み上げるときに、普段は「泣いちゃダメ」と話していたものですから、私が泣くわけにはいきません。

「これで最後なんだ」と思うと、こみ上げてくるものがありましたが、そこはグッとこらえて、一人ひとり淡々と読み上げていきました。最後の最後の子を呼ぶとき、胸が詰まって声が詰まって、読み上げるのに一瞬間が空いてしまいました。やっと読み上げて、

「おめでとうございます！」

と園児たちを送り出しました。そのときに、やっと「私も園長として集大成を迎えることができた」という心持ちになりました。

その後、送別会で職員から、子どもたちに手渡したものと同じ、「卒園証書」をいただきました。その卒園証書は、今でも家宝にしています。

これまで公立畑しか歩いてこなかった人間ですが、公私立問わず、保育園の子どもたち、幼稚園の子どもたち、そして子ども園の子どもたち。すべての子どもたちが、

「今日も楽しかった！」

「明日も続きをやろう！」

と、いつも幸せな心持ちを抱いて成長していってくれることを願ってやみません。

5章

子どもの未来のために

園長を辞めてからも

最初はただ、子どもが好きという想いから保育士になった私が、子どもと接することで、好きだけではおさまらないたくさんの学びに出会うことができました。子どもたちを保育することによって、「保育士の前に、人としてどうあるべきなのか？」という問いのなかに身を置くことになりました。そして、たくさんの問いをいつも投げかけ続けてくれたのは、子どもたちだったのです。

園長生活を終えたときも、「これからは保育の土台を支えていきたい」と大上段に構えていたわけではなく、38年間、多くの子どもたちからもらったたくさんのことを、子どもの世界へお返ししたいという気持ちがありました。それをお返しできたときが、「私があの世にいくとき」と思っています。

今は、認可保育園だけでなく、認証保育園や認可外保育園など、さまざまな保育園の現場に呼んでもらって、園運営のアドバイスをしています。そこで、私が担っている役割は、その現場で見たこと、聞いたことをもとに、みんなで考えるきっかけを持ってもらうこと。

たとえば、認証保育園は認可保育園のように広い園庭もなく、園内も限られたスペースしかないため、玩具や用具を出しておくことができず、すべてを大人が管理しています。壁には何も貼っちゃいけない、床にものを置いちゃいけないという、とても圧迫感のある風景に映ります。

そんな環境では、子どもたちが自発的に絵を描いたり、玩具で遊んだりといったことができず、大人の指示を待つだけになって、だんだんと疎外感を覚えてしまうのです。きちんと管理し、整理整頓されている園内に対して、問題があるとは思われていないこともあります。ですから、実際には「ないないづくし」である環境を、まずは見える化することで、何が問題なのかを意識してもらうようにするのです。

そこで私は、子どもたちが自由にやりたいことを選べる環境をつくれないか、園の空間そのものをデザインしていきます。子どもたちが好きなときに自分で画用紙を持ってきて絵を描いて、それが終わればまた戻していく。そうすると、保育にあたる人たちも、

「保育ってこんなに楽しいんだ」

「子どもが自由に動ける方が実はラクなんだ」

と気づくことができるのです。だから、子どもを「動かす」保育ではなく、子ども自ら

が「動く」ような環境づくりが大切になってきます。そうすることが主体的、能動的な子どもを育む助けになります。

駅直結の保育園などでは、1日中、外の空気にふれないといった保育施設も見られますが、これは子どもたちだけでなく、保育士にとっても過酷な環境です。今、待機児童解消のために、保育施設はどんどんつくられていますが、無理に増やすことはさまざまな問題を生むことになります。ただ通勤に便利だからと、子どもたちを過酷な環境に何年も置いておくことは、将来どんな結果を招いてしまうのか、我々が警告発信することも必要だと考えています。

このようなことをいろいろな保育の現場を回りながら伝えても、最初は何を言っているのだろうと思われることも多いものです。

「さく子先生はそう言うけれど、保育環境をそんなに簡単に改善できるわけがないじゃないか」と感じる方もいらっしゃいます。ですから、まずは今の園の現状を俯瞰して見せることで、「どうするのがいいのだろうか?」と、考えるきっかけにしてもらうのが大切だと考えています。

もちろん、私が持っている力なんて、ほんのわずかです。ですが、保育現場の主役である子どもたちのことを考えたら、やはり言わずにはいられないというのが本音です。6歳までの育成期間は、「人として本気で生きる力を育むためのもの」とすえてほしいのです。人としての土台がスカスカだったら、生きていく力が育たず、忘れ物だらけの人生になってしまいます。

これからも、保育の現場で、講演会で、講義で、子どもたちから教えてもらった気づきをたくさんの方々に届けていき、日本の保育の質を高めるお手伝いをしていきたいと思っています。

イキイキした園とは？

園の良し悪しを推し量るとき、良い園とは、いつも子どもを真ん中にすえて、園長が責任感を持っていることだと書きました。

保育の現場を回っていると、私立の保育園などでは、

「私は雇われ園長なので、現場は知りません」

「役割分担があるので、現場を知る必要はありません」

と堂々とおっしゃる方もいらっしゃいます。そんなとき、私が思わず口にするのが、

「現場を知らずして保育を語れますか」

「現場を知って初めて、職員たちを信頼して任せられるようになるんですよ」

といった言葉です。

たとえ保育士ではない雇われた園長だったとしても、園長という役をいただいた以上は、まずは園長自身が現場を知ることが第一です。私は園長時代、

「園長は全クラスの担任です」

と言い切って、意識的にクラスを回ることに努めていました。現場を知らなくては、何もはじまらないからです。そんなお話をいろいろとしていくと「目から鱗でした」とおっしゃっていただくこともあり、それを機に現場を回りはじめる園長もいます。

よく保育士から主任や園長になると、あまり現場に入っていけず、寂しい想いをするという声を耳にします。それは、自分でそういうふうに決めているだけではないでしょうか。現場に入りこめないと決めていたら、ずっと入れないのが当たり前です。

いつ、どこから、どんなふうに自分の切り口をつくり、現場を知るためにできることは何か。自分なりに行動に移していくことが主任や園長になっても、現場を知ることにつな

がるはずです。

　一方で、保育士不足も園運営の大きな課題です。効率的に休憩時間を1時間ずつ保障し合う体制を組めればいいのですが、人手不足が顕著な保育園では、「子どもたちと食事を取る時間が休憩」という形になってしまうため、保育士は休んだ気がしないという状態も多く見られます。あるいは、子どもたちと一緒に食事をした人は、残り30分は子どもと離れて休憩するというところもあります。現実的な状況と折り合いをつけながら、保育士が休憩を取れるようにすることは、必要なことです。

　私が現役時代は、子どもと一緒に食事をするということはしませんでした。それは認可保育園という人的環境に恵まれていたという側面もありますが、子どもたちと一緒に自分も食事をしてしまうと、食事指導ができなくなってしまうからです。

　子どもが食べる様子から、スプーンの握りが上手にコントロールできているか、お箸《はし》へ移行する段階になっていないか、三角食べができているか、一人ひとりの食べ方を見渡しながら、食育も兼ねて指導していく必要があります。

　子どもが食器を落としてしまったり、割ってしまったりといった食事中のアクシデントについても、「先生が見ているから、お手伝いが必要なら言ってね」と伝えられる状況をつくってあげられれば、ある程度防ぐことができるでしょう。

食事の際も子どもたちに寄り添い、よく見てあげること。そういう環境をつくれるかどうかも、保育園の良し悪しを見極める際の重要な点になってくるのだと思います。

そして、たくさんの保育園の現場に関わらせてもらい感じることは、常に、子どもを中心にすえている保育園は、子どもたちがいつでもイキイキと明るい笑顔を見せてくれるということです。

そんな子どもたちの様子を見て、保育士もまたイキイキと働くことができるのです。子どもを取り巻く保育士の接し方が変われば、子どもたちも自然に変わってきます。その様子を見て、保育士も励まされ、どんどん好循環が生まれていく。それがイキイキとした園づくりにつながるのです。

保育士にかかる負担

今、保育の現場では連絡ノートや日誌、指導計画など書類を作成することが増えています。そのために、保育士は保育時間外にパソコンで打ち込むことになります。

保育士だけでなく、園長の業務についてもどんどん対外的なことが増えています。それは、園長会だったり、外部の研修だったり、地域のことで相談があったり、苦情の対応だったりするわけで、これを一人の人間がすべてこなそうとするのは、並大抵のことではありません。

さらに、これまでは行政がやってきたような卒入園に関する仕事も園長がやることになると、「園長は全クラスの担任です」と言っている余裕もなくなります。毎日の業務をやっているだけで精一杯の状態に陥ってしまうのです。

一方で、煩雑なシステム化に対応するため、私立の保育園では、専門の事務員の方を配置しているケースも多く見られます。これは公立の保育園には見られない大きな利点だと思います。ただ、公立の保育園は、区の保育課とシステムの上でつながっているため、大きなトラブルが起きたときには、公的機関のバックアップを受けることができます。公立か私立かによっても、その対応はいろいろと違うということです。

このように、増え続ける事務作業への対応について、私は大学のゼミで日々の記録の仕方を学生たちに指導しています。そのポイントになるのが着眼点を定めること。

「今日はこの子にこだわって見ていこう」

「昨日の遊びの続きを見ていこう」
「課題としている遊びを、どんなふうに仕掛けていくか」

何も考えずにただ漫然と子どもたち全体を見ていると、「1日の振り返り」と言われても、ぼんやりとしてしまいます。それでは、日誌を書くときにもあれこれ思い出すのに時間がかかってしまいます。だから、ポイントを定めてそこを意識し、テーマを持って日々の保育に関わることを提案しているのです。

1日単位ですべてを推し量るのではなく、1週間単位ですべての子どもたちの行動や言動を裏付けし、1ヶ月を通して全体像が見えてくるようにします。そのなかで反省点がなんなのか、反省したことを次の計画としてどう生かすか、という「振り返り」を繰り返していきます。こうすることで、日々の書類作成に追われ過ぎることなく、もっと前向きに向き合っていけるのではないでしょうか。

保育現場は今、ものすごい速さで変わっていこうとしています。それを20世紀型の保育のままでいいとあきらめてしまっては、一歩も前に進むことはできません。

もちろん、どんなに時代が変わっても、子どもたちの発達は同じですが、生まれ落ちた環境と育つ環境がまったく違うわけですから、そこは新人の保育士も、経験豊かな保育士も、意識を変えて向き合っていく必要があります。

今の世の中では、バーチャルの世界にはまり過ぎて、何が本物なのかつかめていない状況も見られます。子どもたちへの影響を考えると、公園や園庭など、自然のなかで遊ぶ時間を増やしてあげることも大切だと思っています。

時代の変化に合わせて保育も変わり続けていくことが、保育士としての説明責任を果たせることにつながると感じています。具体的な場面での経験をすることで、保護者の悩みや質問にもすぐに答えられるわけです。

目の前にいる21世紀の子どもたちにきめ細かく対応していくには、見方、受け止め方、感じ方、考え方を含めて、「今」を感じとり、それを保育の場で生かしていくことが不可欠です。

男性保育士の活躍

ここまでふれてきませんでしたが、昨今の保育では男性保育士もたくさん活躍されています。かつては、「保母さん」という言葉の通り、女性中心という考えが強く、実際に人数的にも女性が圧倒的でした。最近では、男性の保育士さんの数も増えています。

しかし、悲しいことに、

「女の子のオムツ替えは男性保育士にはさせないで」

「男性保育士が娘を着替えさせているのが気持ち悪い」

といったひどいことを言う保護者が出てきたという話も聞きます。家庭内において、女の子のオムツ替えはママだけができて、パパはやってはダメということはあるのでしょうか。

私から見るとこうした反応というのは、過剰だと感じます。園によっては、それを保護者の苦情と受け止めてしまい、男性保育士は着替えに関わらないよう対応しようとするところもあります。

そうなるとどうなるでしょうか。こんなことをすると、男性保育士が悲しい思いをするだけでなく、女性保育士の負担が大きくなり、園の運営にもゆがみが出てきます。ほんの少数の心ない人のために、保育の世界全体が振り回されていくというのは、私は間違っていると思います。

保育士は女性でも男性でも務まります。私の経験上、男性保育士は園のお父さんのような存在にもなるので、子どもたちからは人気があるのです。保育士に求められるのは、「人として」という面だけです。

男性保育士と子どもとの素晴らしい出会いについて、一つご紹介します。

4歳児のクラスに、お母さんが高齢で出産され、大切な一人娘のお嬢様として育てられていた「みおちゃん」という女の子がいました。みおちゃんは、ご両親から一心に愛情を注がれ、そんな世界に包みこまれているお嬢様で、キューピーさんのようなパッチリとした目が印象的な子でした。

ただ、お母さんによれば家ではよくしゃべるそうでしたが、園ではまったく声を出さないお子さんでした。内弁慶だったわけです。実際に、保育園の子どもたちは誰もみおちゃんの声を聞いたことがありません。かろうじて保育士とだけは、いつも蚊の鳴くような小さな声でやりとりをしているような状況でした。

そんなみおちゃんが、大きな変化を見せることがありました。それが男性保育士との出会いです。若い男性保育士が担任になったとたん、みおちゃんの目がハートになってしまったのです。園庭で氷鬼《こおりおに》をしていたとき、その保育士も一緒になってやっていました。そこ

で子どもたちが、「助けて〜」、「早く〜」なんてハシャいでいると、みおちゃんが大好きな男性保育士めがけて、

「先生ー、助けて〜〜!!」

と、どこにそんなパワーがあったのだというくらい大きな声で叫んだのです。

「みおちゃんが大きな声出したー！」

走り回っていた周りの子どもたちも、立ち止まってとても驚いていました。そこからみおちゃんは、少しずつ自分を出せるようになっていったのです。

縄跳びをするのも、2、3歳のころは「できないからやりたくない」という様子でしたが、男性保育士と一緒になると、ニコニコしてやるようになりました。家でも縄跳びの練習をしたいからと、保育園の縄跳びを貸してほしいと言ってきました。保育園の縄跳びは、園で使わなくなったシーツを切ったものを3色に染めて、自分の足にかけながら自分たちで編み込んでいったものなのです。大きな縄跳びも編んでつくり、みんなで遊んでいました。みおちゃんは公言通り、一生懸命に家で練習をしてきて、堂々と運動会で縄跳びをしていました。

そのころには、みおちゃんはクラスの人気者になっていて、女の子たちが、

「みおちゃんと手をつなぎたい」

「みおちゃんと一緒に遊びたい」

なんて、みおちゃんの取り合いになっていました。

子どもというのは、最初はみんなの前で自分の気持ちを言葉にできなくても、実は心のなかに、しっかりと気持ちを蓄えているものです。ただ、言葉として他の人に発しないだけなのです。特に、みおちゃんの場合は本が好きで語彙が豊富なので、話し出したら面白い子でした。そんな姿にだんだん他の子どもたちが憧れるようになり、最後には男の子とも遊ぶようになっていました。

子どもにとって悪いニュースが流れると、それに関する環境をすべて変えようとする傾向になりますが、男性保育士の役割は、現場にとって女性保育士と同じく、たいへん重要な時代です。

このように、子どもにとっては、大好きな先生が大きな成長を促す一歩になることも多いものです。そのためにも、昔の家族の風景のように男性や女性、年齢に限らず、いろいろな大人がいることが、子どもの育成の現場には必要なのです。

保育士への復職について

保育士不足が社会的にも大きな問題になっています。保育士資格は持っていても、保育士としては働いていない人のことを、「潜在保育士」と言います。この人数もかなりの数に上ります。

以前は保育士をしていたけれど、結婚や出産を機に辞めてしまった方、一度他の仕事に就いたものの、保育士をやりたいと思った方、そんな方がたくさんいらっしゃいます。そういった方々には、ぜひ積極的に保育の世界に復職したり、飛びこんできたりしてほしいと切に願っています。

保育の現場から離れた期間、保育とは別の場にいた期間は、決してムダにはなりません。それはその人に必要だった持ち時間で、そこでの体験や経験を通して気づかされたことがあるはずです。それをぜひ、現場へとつないでいってほしいと強く願います。

保育現場から離れた期間のことを「ブランク」と言うのではなくて、大事な「充電期間」だと思い、自分の人生をもう一度洗い出していってはいかがでしょう。これまでの時間は、本当に就きたい仕事にチャレンジするための期間だったのかもしれません。

他の場所での社会経験や家庭での親としての経験は、保育の現場にも大いに役立ちます。特に私は親になって、今まで見えなかった世界が見えてくる、聞こえてなかった声が聞こえてくる、そんな変化を感じました。

それは保育の現場でも自分の助けとなりました。娘二人には、「親にしてくれてありがとう」と、そして孫には「おばあちゃんにしてくれてありがとう」と、いつも思っています。

私ぐらいの年齢になると、過去を振り返れば、子育て中のたいへんさは「あれは、一瞬の出来事だったね」と思うようになるはずです。子育ての現場も、保育の現場も、瞬間、瞬間で子どもは二度とない成長を見せてくれます。保育士も長く現場にいると、そういうことをふと気づき、懐かしく振り返るときがやがてきます。

出産の有無にかかわらず、うちの長女のように、一般企業から保育士の道をめざすのもいいでしょう。もちろん好きなだけじゃ務まらない仕事ですが、「子どもってかわいい」、「子どもとふれあいたい」という気持ちがあれば、たいていのことは乗り越えていけるものです。

多くの人に、今の環境や状況に負けることなく、保育士の夢をカタチにしてもらえたらと心から願っています。

保育士として最大の喜び

保育士として働くなかで、涙が出るほどうれしい瞬間があります。

それは、赤ちゃんで言うと、0歳児がつかまり立ちから、自分の力で立つことができた、初めての瞬間です。その一瞬に立ち会えると、「今ここに、この子のパパ・ママもいたらいいのに」と思ってしまいます。

言葉も同じです。たとえば初めて話した言葉が、

「テンテ（先生）」

だったときには、思わずギュッと抱きしめてしまうほどうれしいです。初めてトイレでちゃんと用をたしながら、子どもが自分のおしっこを見て、「でたー」と喜ぶ様子に共感できたとき、保育士が「でたね！」と言葉を添えるとニッコリとうれしそうな顔をします。

子どもの世界は、あれも初めて、これも初めて、と「初めて」がいっぱいなのです。たった一度の子ども時代の発達過程に立ち会わせてもらえることは、保育士として最大の喜び

です。

これまで本当に多くの子どもやそのお母さんお父さんに出会いましたが、その一つひとつが自分の大きな財産になっています。そして今でも新しい出会いに、初めての体験にドキドキ・ワクワクしています。

講演などで初めての場所に行くとき、不案内な土地ですので、会場に向かうまでにいつも緊張します。「この電車の乗り継ぎであっているのかしら？」、「この道でちゃんと会場に着くのかな？」と、ドキドキ・ワクワクするのです。会場には、初めて会う人がたくさんいます。「こんな悩みを抱えている人がいるんだな」、「こういう考え方をする人もいるんだな」と、ドキドキ・ワクワクします。いつも緊張したり、好奇心を刺激されたりしながら、ドキドキ・ワクワクしています。そこで、気づかされます。

この「ドキドキ・ワクワク感」というのは、子どもたちの毎日と一緒だということに。子どもたちは毎日が人生で初めてのことの連続で、

「今日は1日何をしよう？」

「これからどんな面白いことが待っているんだろう？」

と楽しみにし、ドキドキ・ワクワクしているのです。こんなふうに目の前の子どもたちと同じような感情が私にもある限り、「私もまだ保育に関わっていていいのかな」と勝手に思っています。どんなときでも子どもの気持ちに置き換えて考えることが、いつのまにかクセになっています。

「廊下、階段はただで歩かない」

というフレーズが私の言葉の引き出しにありますが、これは外を歩いていてもその景色をぼんやりと見過ごさないということです。

たとえば、子どもたちが描いた絵をどうやって素敵に飾ろうかと考えているとき、外を歩きながら、ふとブティックのディスプレイが見えてきます。そのときは、じっくり眺めて参考にしてみようと、意識的に陳列の仕方、飾りつけの仕方を見るのです。

どんなことにも、何か気づこうとするのか、何か気づけるのか。「気づき」は、「ドキドキ・ワクワク」する感覚がなければ、得ることはできません。どんな素敵な景色も意識して見ようとしなければ見えてこないのです。

園長時代に、保育園の園庭に必要なタイヤを、

「自分たちで１００個見つけてきましょう！」

と提案したことがありました。職員だけでなく、保護者の方々にも声をかけて、街で不要になっていそうなタイヤを見つけたら、

「このタイヤ、譲っていただけませんか？」

と声をかけていったのです。

するといつのまにかタイヤは100個集まっていました。このように、子どもたちだけでなく、その保護者たちとも保育を通して「ドキドキ・ワクワク感」を共有することで、みんなの力を巻きこんでいくことができます。子どもが感じるような「ドキドキ・ワクワク」の輪を広げられるのも、保育という仕事の醍醐味です。

人との出会いは、人生を豊かなものにしてくれます。生まれてからこれまでも、多くの人に出会い、その分だけ違う私になれたといつも感じています。子どもと遊び回った日々が、今でも私の「出会い」のチャンスを広げてくれています。私がこの先、生涯を終えるまでの間に、

「どれだけの人に出会わせてもらうのかしら？」

と心から楽しみにしています。

子どもたちが笑いころげる姿は、本当に幸福そのものの風景です。そこにいつも身をお

きながら、人の成長の軌跡を一緒にたどりながら、感動し、喜びにあふれた毎日を送れるのが保育士の仕事です。

こんな素晴らしい仕事に38年も就いて、さらにその後も保育と深く広く関わらせてもらえている私は、とても幸せ者だと心から感謝しています。

今、保育士をめざしているみなさんも、ここでしか味わえない感動の体験、ここでしか出会えない素晴らしい人たちとの日々を通して、保育士という素敵な夢を大きく叶えていってほしいと願っています。

大切な時間

子どもの時間
ぼく・わたしの時間
大人の時間
大切な時間
どうやって使う？
ぼく・わたしの時間
ぼくが好きなように
わたしも好きなように
ぜんぶ　ぜんぶ　自分の時間
今　ぼく・わたしだけでは
生きていけない

てつだって　助けて
いっしょにやって
こうして　過ごす時間
ぼく・わたしの時間
ひとつ大きくなるたびに
分かったふりして
天真爛漫にあそびほうける
楽しい時間はあっという間に
悲しい時間は　ゆっくりと
さみしいときは　長くながい
眠たいときは　このままずっと

いろんな時間をたどって
いろんな時間をくぐって
ひとつずつ　大きくなる
楽しくて　しあわせなとき
時間よ　止まれ！
ぼく・わたしだけではない
たった一度の子ども時代
ぼくはぼくらしく
わたしはわたしらしく
歩いていく
ぼく・わたしの時間は
だれのものでもない
ぼく・わたしのかけがえのない
大切な時間

今　そのときに向き合い
この瞬間を　生かされ　生きている
ぼく・わたし
大人の時間と子どもの時間
いつも　つながっている
大人は子どもに　大きくしてもらう
子どもは大人に　大きくしてもらう
同じ時間に生きている

詩・井上さく子

イースト新書Q

Q037

保育士《ほいくし》という生《い》き方《かた》

井上《いのうえ》さく子《こ》

2018年1月23日　初版第1刷発行

編集協力　金平亜子（スゥ・リール）
本文DTP　臼田彩穂
編集　木下衛
発行人　北畠夏影
発行所　株式会社イースト・プレス
東京都千代田区神田神保町2-4-7
久月神田ビル　〒101-0051
tel.03-5213-4700　fax.03-5213-4701
http://www.eastpress.co.jp/
ブックデザイン　福田和雄（FUKUDA DESIGN）
印刷所　中央精版印刷株式会社

ISBN978-4-7816-8037-8